Dieses Buch widme ich Waldtraud S.,
die mir die Inspiration zu diesem
Märchen gegeben hat.

# Inhalt

| | | |
|---|---|---|
| Teil I | Der Weg zum Herzen | 7 |
| Teil II | Die Suche nach Liebe | 21 |
| Teil III | Träume in dir | 42 |
| Teil IV | Der Weg der Entscheidungen | 61 |
| Teil V | Dürre des Lebens | 84 |
| Teil VI | Lichtblicke | 101 |
| Teil VII | Schwere Zeiten | 111 |
| Teil VIII | Sie kommen immer wieder | 134 |
| Teil IX | Gemeinsamkeit | 157 |
| Teil X | Die Erfüllung | 189 |

 Stefanie Gegenfurtner geboren im Jahre 1977 in Rosenheim. Dort beendet sie die Fachoberschule und startet anschließend eine Ausbildung zur Masseurin und medizinischen Bademeisterin. Neben ihrer Berufsausbildung absolviert sie die Aerobic-Trainer B-Lizenz. Ihr Studium zur Hundepsychologin und -verhaltenstherapeutin beendet sie im Mai 2015.

Der erste Klinikaufenthalt ist 2003 und sie zieht anschließend in eine therapeutische Wohngemeinschaft. Seit 2011 lebt sie mit ihrer besten Freundin in München zusammen.

Der erste Teil des Märchens entsteht während ihrem ersten Klinikaufenthalt. 12 Jahre lang lebt sie mit der Diagnose Borderline-Störung, die sie 2012 erfolgreich bekämpft. Im Jahre 2006 wird die Diagnose komplexe posttraumatische Belastungsstörung festgestellt, welche sie heute noch begleitet. Sie kämpft und dennoch genießt sie jeden einzelnen Tag aufs Neue.

# Drei Wünsche

## Teil I
## Der Weg zum Herzen

Vasaria ist ein kleines Mädchen mit langen schwarzen Haaren. Sie lebt mit ihren Eltern und ihrem Bruder in einem Haus. Vasaria fühlt sich zu Hause wie das Aschenputtel aus dem Märchen. Sie muss alle Arbeiten erledigen und ihr Bruder wird wie ein König behandelt. Egal was auch geschieht; Vasaria wird für alles von ihrer Mutter bestraft.

Eines Nachts entscheidet Vasaria wegzulaufen, da sie es schon lange nicht mehr in ihrem Elternhaus aushält, und läuft in den dunklen Wald. Denn nichts konnte schlimmer sein, als weiterhin bei ihrer Familie zu bleiben. Nachdem sie einen Tag im Kreis gelaufen ist, ist sie enttäuscht von sich selbst, sie denkt sich, dass sie nicht einmal zum Weglaufen in der Lage ist.

Vasaria blickt umher, um eine Orientierung zu bekommen oder ob sie jemanden nach dem Weg fragen könnte. Verwirrt läuft sie dennoch weiter, bis ein kleiner Hase ihren Weg kreuzt. Vasaria hält ihn auf und sie kommen ins Gespräch. Vasaria erzählt dem Kleinen, dass sie einen Weg nach draußen sucht, und fragt, ob er ihr vielleicht sagen könne, welcher der richtige ist. Der Hase überlegt nicht lange und führt sie eine Allee entlang. Kurz vor der Dunkelheit sehen sie eine Lichtung und der Hase sagt zu ihr, dass sie nun alleine weitergehen müsse, denn er selbst muss wieder zu seiner Familie zurückkehren. Vasaria spaziert frohen Mutes Richtung Ausgang und macht sich Gedanken, wo sie abends schlafen kann.

Als die Sonne untergeht, entdeckt Vasaria auf einer Wiese mit vielen Blumen einen großen Baum. Sie macht es sich bequem und schmiegt sich erschöpft an den Baum. Er soll ihr Geborgenheit und Schutz für die Nacht gewähren. Durch die Anstrengung des Tages schläft sie schnell ein.

Am nächsten Morgen, als die ersten Sonnenstrahlen an Vasarias Augen kitzeln, wacht sie erholt und munter aus ihrem Schlaf auf. An den Augen gerieben und leicht geöffnet, kann sie nicht glauben, was sie sieht. Nochmals reibt sie sich ihre Augen und erblickt viele kleine Elfen, die über einen See schweben und im Wasser planschen. Dem Mädchen huscht ein Lächeln über die Lippen und im selben Moment spürt sie etwas an ihrem Ohr zupfen. Sie schaut auf die Seite und sieht eine zierliche und lächelnde Elfe auf ihrer Schulter sitzen. Die Elfe Nile stellt sich mit ihrem Namen vor und bittet sie mit ihnen im Wasser zu spielen. Das Wasser lockt Vasaria, sie zögert keinen Moment und springt gemeinsam mit Nile ins Wasser.

Nach dem ausgedehnten Badespaß legen sich beide in die Sonne und lassen sich von den Sonnenstrahlen wärmen. Während sie so daliegen, fragt Nile Vasaria, was sie zu dem Elfensee gebracht hat. Vasaria erläutert der Elfe alles, warum sie von zu Hause weggelaufen ist und dass ihr der Hase half, aus dem Wald zu finden. Nile versteht die Flucht und will Vasaria helfen, diese in den Zauberwald zu bringen, um jemanden dort zu treffen. Wen Vasaria dort treffen wird, hat Nile ihr nicht verraten.

Nach mehreren Tagen des Wanderns kommen sie an der richtigen Stelle an und bleiben stehen. Nile wendet sich an Vasaria, dass sie hier alleine warten und nochmal ihre Qualen im Kopf und Herzen aufleben lassen muss, so dass sie mit einem kleinen Schritt näher zu ihrem Selbst findet. Vasaria weiß nicht, was sie davon halten soll, sie hat Angst, möchte nicht mehr an das denken, was ihr alles so wehgetan hat. Nile beruhigt sie, indem sie Vasaria in den Arm nimmt, und spricht ihr Mut zu. Vasaria vertraut Nile und möchte versuchen, dies alleine durchzustehen.

Als Nile nicht mehr zu sehen ist, packt Vasaria ihren ganzen Mut zusammen, setzt sich auf den Boden und fängt an sich nochmals in die Lage hineinzuversetzen. Schmerzen durchströmen sie und klare Tränen rollen über ihr Gesicht. Als der ganze Schmerz in ihr vereint ist und sie nicht mehr mit dem Weinen aufhören kann, kommt ein Schwarm von Feen, der einen Kreis um sie herum bildet. In diesem Kreis fühlt sich das kleine Mädchen auf einmal sehr geborgen und sicher. Die Feen fangen an zu tanzen und singen. Den Wortgesang kann Vasaria nicht verstehen, da er, wie es scheint, aus einer ganz anderen Welt stammt.

Bevor die letzte Träne zu trocknen beginnt, kommt Artraxa, die älteste Fee von allen, auf sie zu und nimmt die letzte Träne mit ihrem Finger auf. „Das ist die letzte Träne für die

Schmerzen. Die Vergangenheit wird ruhen und dich nur noch selten einholen und verfolgen. Nimm diese Träne und trage sie zu deinem Herzen. Dieser Zauberstein wird dir in schwierigen Situationen helfen." Nach dem Gesagten fliegt Artraxa mit den anderen Feen davon. Vasaria hält die Träne in der Hand und weiß nicht, wie es weitergehen soll. Sie möchte nicht aufgeben und folgt ihrem Herzen, welches sie führt. Ihr Weg ist steinig, sie fällt hin, steht auf, und gibt nicht auf.

Nach einigen Tagen kommt sie im Trolle-Land an und weiß nicht, was sie dort erwartet. Sie möchte sich mit den Trollen unterhalten, bekommt aber zu spüren, dass diese ihr nicht wohl gesonnen sind und nur ihre Träne haben wollen. Sie gäbe den Trollen große Macht. Mit dieser könnten sie großen Schaden und viel Leid in der Welt anrichten. Vasaria ist im ersten Moment wie gelähmt. ‚Was soll ich nur tun?', geht ihr durch den Kopf. Die Trolle versammeln sich und kommen ihr mit großen Schritten immer näher. Umso geringer der Abstand zwischen Vasaria und den Trollen wird, desto ängstlicher wird sie.

Plötzlich fällt Vasaria ein, dass sie noch den Zauberstein hat und holt ihn aus der Tasche. Sie blickt ihn erwartungsvoll an. Nur ein ganz gewöhnlicher Stein, wie soll der ihr denn helfen? Während sie überlegt, reibt sie unbewusst an dem Zauberstein und schon kommen viele Feen und Elfen angeflogen. Sie legen Vasaria den Weg frei und die Trolle kommen nicht gegen sie an. Vasaria traut sich zuerst nicht, den Weg zu gehen; aber Nile tritt neben sie heran und sagt: „Vertraue dir und uns, gehe voran und beweise deinen Mut. Du kannst es. Wir geben dir Sicherheit." Zögerlich geht Vasaria den Weg entlang. Rechts und links von ihr sieht sie springende Trolle mit grimmigen Gesichtern und davor Feen und Elfen, die sich machtvoll an den Händen greifen, um die Trolle fernzuhalten. Nur noch wenige Schritte und sie hat es geschafft. Erleichtert, die Trolle hinter sich gelassen zu haben, winkt sie dankend den Elfen und Feen zu und geht ihren Weg.

Nachdem Vasaria das Trolle Land hinter sich gelassen hat, erscheint eine große, duftende Blumenwiese, die von der Dämmerung in den schönsten Farben erblüht. Vasaria ist schon längst müde, aber sie hat zu viel Angst, dass die Trolle sie doch noch einholen. Sie läuft weiter und weiter, während die Sonne langsam untergeht. Sie blickt zu ihrer Hand, sieht, wie die Träne die Nacht erhellt, und beschließt noch einige Meter hinter sich zu bringen, um genügend Abstand zu den Trollen zu bekommen.

Während sie vor sich hermarschiert, verflieg ihre Müdigkeit und sie möchte gar nicht mehr stoppen. Nach einer Weile bleibt Vasaria vor einer riesigen Höhle stehen. Sie spricht sich Mut zu, denn sie will nicht mehr leiden, sie muss es durchziehen und es schaffen. Vasaria setzt vorsichtig einen Fuß vor den anderen, die Träne erleuchtet die Höhle, die nun beängstigend auf sie wirkt. Spitze Zapfen hängen von der Decke herunter. Teilweise sind die Stellen so eng, dass Vasaria sich auf den Boden legen muss, um überhaupt voranzukommen.

Dass dieser Weg so hart ist, hätte sie niemals gedacht, und doch gibt sie nicht auf. Sie kämpft, um ihren Frieden zu finden. Ihre positiven Gedanken treiben sie an. Durch Höhen und Tiefen getrieben, hört sie es in der Ferne plätschern. Endlich Wasser! Einige Zeit später wird das Plätschern immer lauter und es zeigt sich ein mächtiger Wasserfall. Fasziniert steht sie vor dem Wasserfall, da sie derartiges noch nie zuvor gesehen hat. Fröhlich tobt sie in dem kühlen Nass und vergisst völlig die Zeit. Es tut ihr gut, ausgelassen zu sein und Spaß zu haben. Währenddessen leuchtet ihre Träne am Boden kräftiger und kräftiger, Vasaria bemerkt es erst Minuten später. Sie wird wieder daran erinnert, weshalb sie hier ist.

Sie nimmt die Träne an sich und lässt sich vom Wasser aus der Höhle weitertragen. Die Zeit verfliegt und Vasaria gelangt in einen Ozean und lässt sich von den einzelnen Wellen Richtung Ziel treiben. Unbekümmert blickt sie in den Himmel und genießt kurz den Augenblick.

Plötzlich tut sich ein Strudel auf, der Sog ist so stark, dass Vasaria nicht dagegen ankommt und von ihm verschluckt wird. Ganz verwirrt kommt sie in einer Unterwasserwelt an. Dies war nicht so geplant! Kurz darauf spürt sie jedoch, dass sie diesen Weg hier gehen muss, um am richtigen Ort anzukommen. Viele Fische schwimmen fragend an ihr vorbei. Vasaria hört auf ihre innere Stimme und weiß intuitiv, wo sie entlangschwimmen muss. Die Unterwasserwelt gefällt ihr, es ist angenehm still und alles sieht friedlich aus.

Gedankenverloren schwimmt sie in den tiefen Ozean und bemerkt die Algen unter sich nicht. Eine dieser Algen wird ihr zum Verhängnis, diese schlingt sich um ihren ganzen Körper. Zappelnd versucht sie herauszukommen, aber es will ihr nicht gelingen. Dieses Mal denkt sie gleich an den Zauberstein, denn warum sollte sie ihn nicht benutzen, wenn er ihr doch helfen kann. Sie reibt an dem Zauberstein und just kommt ein Seepferdchen und hilft Vasaria und stellt sich als Walli vor. Dankbar fragt Vasaria, ob sie ihr weiterhelfen kann, um schneller an ihr Ziel zu kommen. Walli möchte ihr helfen und bittet Vasaria, sich auf ihren Rücken zu setzen.

Walli schwimmt los und Vasaria zeigt ihr, wohin sie müssen. Beide verstehen sich gut, schnell entwickelt Vasaria Vertrauen zu Walli und beginnt ihr zu erzählen, warum sie hier unterwegs ist. Mir viel Verständnis gibt Walli den Rat, nie aufzugeben und sich für das einzusetzen, was ihr guttut. Das Gespräch macht die Reise erträglich und sie kommen flott an dem Felsen an. Vasaria bedankt sich und klettert auf einen Felsen, auf dem schon die große Fee Anabell vor einem Herzen steht. „Wenn du in dein Herz willst, musst du erst das Wichtigste für dich und dein Herz erkennen. Du musst es benennen können, später wirst du das Gefühl in dir haben. Wenn dir dies gelingt, darfst du herein und hast drei Wünsche frei." Vasaria überlegt angestrengt, sie hat etwas Angst, dass sie nicht die Lösung findet; aber sie will sich bemühen und beherrscht sich. Sie denkt nach, was ihr am meisten fehlt und welches Gefühl sie nicht kennt, sondern nur mit dem Namen.

„LIEBE", schreit Vasaria. „Ist es die Liebe?", bangt sie. Anabell umarmt Vasaria, beglückwünscht sie und öffnet ihr das Herz. Mit zittrigen Knien geht Vasaria in ihr Herz. Es ist dunkel, das beängstigt Vasaria, und es ist wirklich keine Wärme darin, nur Kälte. Anabell zeigt Vasaria, wo sie die Träne unterbringen soll. Sobald sie dies getan hat, wird es etwas heller und wärmer im Herzen.

Die Vergangenheit ist nun integriert und jetzt kann Vasaria endlich in der Gegenwart leben. Drei Wünsche hat Vasaria nun frei und kann sich Zeit mit dem Aussprechen lassen.

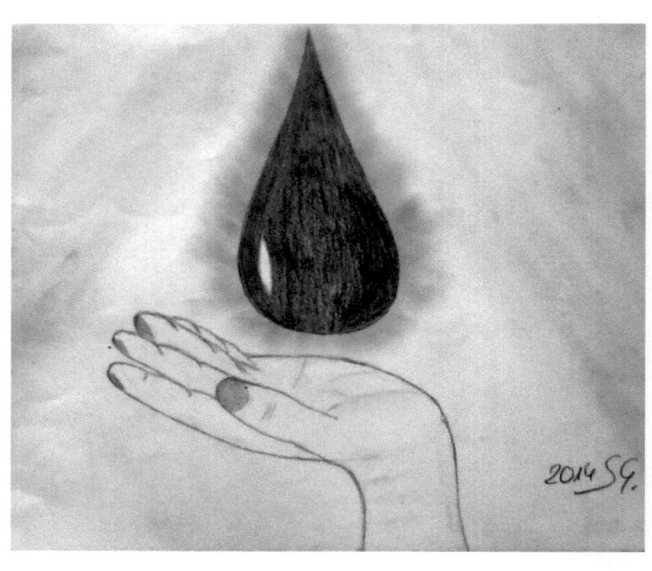

## Teil II
## Die Suche nach Liebe

Nach einem Jahr wacht Vasaria an einem schönen Wintermorgen auf und erinnert sich an die drei Wünsche, die ihr noch offen stehen. Sie will nicht daran denken, denn es gibt in ihren Augen nichts, was sie sich Gutes tun kann. Allein bei dem Gedanke daran sträubt sich ihr ganzer Körper. Seit dem Sommer gerieten ihre Wünsche in Vergessenheit. Die Träne ist nun in ihrem Herzen, sie hat den weiten Weg hinter sich gebracht, viele liebe Wesen getroffen und viel gelernt. Doch beinah vergaß sie, dass sie die Liebe finden wollte. Die Liebe ist das Schlüsselwort und dies soll für sie der nächste Weg sein. Sie hofft, auf dieser bevorstehenden Reise einen Schlüssel zu finden, um sich etwas Gutes tun zu können, so dass sie sich vielleicht endlich einen Wunsch erfüllt.

Vasaria packt sich warm ein und geht durch das Schneegestöber. Es ist eisig kalt und die Schneeflocken wehen Vasaria ständig ins Gesicht. Mühsam schleppt sie sich durch die Tiefen. Wie lang ihr Weg sein wird, weiß sie noch nicht, trotzdem will sie weiter vorwärtskommen, um etwas zu erreichen. Sie will die Liebe finden und fühlen können. Endlich auch die Bedeutung des Wortes spüren können, anstatt es nur auszusprechen und nicht zu wissen, was dies bedeutet und wie es sich anfühlt.

Die Gedanken, die durch Vasarias Kopf gehen, lassen die Zeit schneller verstreichen und Vasaria erreicht das Schlummerland. Da es dort immer dunkel ist, weiß Vasaria nicht, ob es Nacht oder Tag ist. Aber der Schnee lässt es hell und freundlich erscheinen. Sie schaut sich um, sieht, dass Lichter in kleinen Wohnungen brennen, somit müssten die Menschen noch wach sein, und Vasaria sucht sich einen Platz zum Schlafen. In der

Absteige „Schnarch dich frisch" trifft sie auf Fridolin, den Besitzer dieser obskuren Bleibe. Als Vasaria ihn von oben bis unten mustert, macht sie große Augen, da ihr auffällt, dass er genauso klein ist wie sie. Jetzt fühlt sie sich zum ersten Mal normal.

Nachdem sich Vasaria ausgiebig ausgeschlafen hat, geht sie zu Fridolin in die Stube. „Fridolin, darf ich dich etwas fragen?", erkundigt sich Vasaria vorsichtig. „Sicher, soweit ich dir diese Frage beantworten kann", sagt Fridolin mit tiefer Stimme. „Meine Frage ist, was ist Liebe und wo kann ich sie finden?" „Die Liebe ist ein warmes, kribbeliges Gefühl, das in dir durch und durch geht. Finden kannst du sie direkt nicht, denn die Liebe erwischt einen und du musst dich gar nicht auf die Suche begeben. Es ist nur eine Frage der Zeit, wann du dieses Gefühl in dir hast, und du wirst es früher oder später bemerken", antwortet der weise Fridolin. Vasaria bedankt sich für die Antwort und für die Unterkunft. Sie packt ihre Sachen und geht im Dunkeln einen langen, schmalen Weg entlang. Sie verlässt das kleine Schlummerland und merkt, wie es wieder langsam Tag wird. Das Schneegestöber hat nachgelassen und es fällt Vasaria leichter, voranzukommen.

Vasaria kommt nach einem langen Fußmarsch bei den Gletschern an. Sie bezweifelt stark, dass sie diese bezwingen kann. Zum Glück hat sie noch den Zauberstein, denn alleine kann sie sich jetzt nicht mehr anspornen, es sieht bedrohlich und schwierig aus. Sehr vorsichtig holt Vasaria den Stein aus ihrer Tasche hervor, betrachtet ihn und überlegt, ob er noch funktioniert. Sie hat Angst, dass sie enttäuscht sein könnte, wenn dem nicht so ist. ‚Wer nicht wagt, der nicht gewinnt', denkt sie sich und fängt an den Zauberstein zu reiben. Vasaria schaut sich um, es passiert nichts. ‚Wahrscheinlich hat der Stein schon seine Zauberkraft verloren. Während sie dies denkt, kommen die Feen und Elfen angeflogen. Nile setzt sich wie gewohnt auf Vasarias Schulter und zupft an ihrem Ohr. Beide sehen sich an, die Freude ist groß, sie haben sich schließlich schon lange nicht mehr gesehen.

Nach einer schönen Begrüßung fragt Nile Vasaria, warum sie sie rief. Vasaria erzählt von dem unbezwingbaren Gletscher und wie sehr sie momentan an sich zweifelt. Nile fliegt zu den anderen Feen und Elfen hinüber und sie beratschlagen sich. Nach einer geraumen Zeit kommt Nile zu Vasaria zurück und meint: „Wir können es dir ganz leicht machen, indem wir dich gemeinsam über den Berg fliegen, aber wir sind der Meinung, du sollst deinen Weg gehen, du musst diese Hürde alleine bezwingen. Wir glauben ganz fest an dich, wir stehen hinter dir. Bei diesem Problem können wir dir nicht helfen, doch du schaffst dies alleine. Und dennoch bist du nicht alleine, wir sind in deinem Herzen und geben dir Kraft nicht aufzugeben. Falls es gar nicht geht oder du nicht weiter weißt, kannst du uns gerne wieder rufen." Kaum hat sie die Worte ausgesprochen, drückt sie Vasaria einen Kuss auf die Wange und fliegt mit ihrer Truppe davon.

Vasaria steht da und schaut in die Luft. Sie kommt sich ziemlich im Stich gelassen vor. Abgelehnt, alleine. Entweder geht sie gleich voran oder sie lässt sich noch mehr von ihren grausamen Gedanken herunterziehen Noch immer schallen Vasaria die Worte im Kopf umher und sie will wirklich nicht aufgeben, will standhaft bleiben.

Mit schweren Schritten marschiert sie voran. Ab und zu rutscht sie ab und schimpft, will fluchen, doch reißt sie sich zusammen und versucht ein Lied zu trällern. Während sie zu singen beginnt, macht der Himmel ihr einen Strich durch die Rechnung und lässt es heftig schneien. Der Himmel möchte Vasaria provozieren, doch Vasaria will sich nicht umstimmen lassen und trällert fröhlich ihr

Lied weiter. So macht es ihr mehr Spaß und sie weiß, so kann sie es schaffen.

Mehrere Stunden später kommt sie an der Spitze an und blickt sich um. Wie ein großes weißes, weiches Bett schaut es unter ihr aus. Der Schnee ist wunderschön und sie genießt eine Zeitlang diese Aussicht. Jetzt fühlt sich Vasaria zum ersten Mal richtig frei. Am liebsten würde sie hier noch länger stehen bleiben, doch sie muss die Liebe finden und alles, was damit zu tun hat.

Sie setzt sich auf den Boden und rutscht den Berg hinunter. Noch ist es ihr nicht geheuer und sie gräbt ihre Schuhe in den Schnee, um abbremsen und schließlich stoppen zu können. Was macht sie bloß, es ist zu glatt, um dort abzubremsen. Sie versucht es abermals mit ihrem Gesäß. Langsam rutscht sie runter und vor lauter Nervosität rubbelt sie an dem Zauberstein. Ganz überrascht schaut Vasaria die Elfen an, als diese sie an den Füßen und an den Schultern packen, um sie den Berg behutsam hinabgleiten zu lassen. Es wird immer schneller und die Elfen weichen den Hügeln elegant aus, und als der erste Schock schwindet, findet es Vasaria sehr lustig, rasant den Berg herunterzuschlittern, und es dauert nicht lange, bis sie unten angelangt sind. Fröhlich schaut Vasaria die Elfen an und bedankt sich recht herzlich. Die Elfen zwinkern ihr zu und fliegen weiter. Vasaria stellt sich hin, sie muss sich erst neu orientieren. Wo soll sie entlang?

Sekunden später meldet sich ihr Herz mit einem heftigen Schlag, welches nun wieder aufs Neue den Weg angibt. Mittlerweile hat es aufgehört zu schneien und Vasaria fällt der Weg leichter. Große Schritte tragen sie voran und es dauert nicht lange, bis Vasaria ein lautes Gelächter hört. Das gefällt ihr und sie geht dem Gelächter nach.

Dort angelangt sieht sie viele Zwerge und Zwerginnen, die sich genseitig einen Witz nach dem anderen erzählen und untereinander veralbern. Diese Wichte werden etwas ernster, als sie Vasaria erblicken, und stellen ihr einige Fragen, wo sie herkommt und warum sie bei ihnen ist und ob sie auch witzig sei. Das war für die Zwerge die wichtigste Frage. Vasaria beantwortet die ersten zwei Fragen und zu der letzten bringt sie gleich einen Witz, über den alle laut lachen. Der Oberstzwerg Zangerl sagt zu Vasaria: „Du darfst gerne einige Tage bei uns bleiben, du wirst hier einiges über dich erfahren und wirst gegebenenfalls auch viele Antworten auf die Frage nach ‚Liebe' finden." Alle anderen nicken zustimmend und es dauert nicht lange, bis diese wieder mit den Albernheiten anfangen. Vasaria ist voll in ihrem Element und bringt genauso einen Witz nach dem anderen.

Das Lachen blendet die Zeit aus und die Sonne färbt den Himmel in die schönsten Rottöne. Vasaria versucht dies zu genießen; aber es fällt ihr schwer, denn sie möchte auch nichts in der lustigen Runde verpassen. Sie sitzen alle an einem schön gedeckten Tisch und nehmen ihr Abendmahl zu sich.

Nachdem jeder satt ist, wird es ruhiger und Vasaria nutzt die Zeit, um gleich ihre Fragen loszuwerden. „Wer kann mir erklären, was Liebe ist, und wo kann ich sie finden?" Fast jeder von den Zwergen gibt Vasaria so ziemlich dieselben Antworten: „Liebe ist ein schönes, warmes Gefühl. Du meinst, du könntest schweben. Du hast ein irrsinniges Kribbeln, wenn du die Person siehst, und möchtest sie oder ihn nur noch im Arm halten, alles daran fühlen, sehen und riechen. Wo du sie findest, ist schwer zu sagen, du musst lernen dich zu lieben, damit du dein Herz für fremde Liebe öffnen kannst." Währenddessen wird Vasaria von einer Zwergin beobachtet, was Vasaria vorerst nicht mitbekommt. Vasaria ist ihnen sehr dankbar für die Antworten und genießt den schönen Abend mit ihnen.

Umso später der Abend wird, desto ausgelassener sind alle. Die Zwergin, die

Vasaria schon die ganze Zeit beobachtet, stellt sich ihr nun mit ihrem Namen Arasa vor. Die beiden verstehen sich blendend und liegen auf einer Wellenlänge. Arasa lädt Vasaria ein, bei ihr zu übernachten. Vasaria ist nicht abgeneigt und sie gehen zu Arasas Bleibe.

Sie reden sehr lange über die Liebe und welche Geschmäcker beide haben. Arasa steht auf Männer, aber wäre nicht abgeneigt, es mit einer Frau zu probieren. Vasaria war sich bis jetzt nicht sicher, was sie will, sie überlegt lange und sagt, dass sie eigentlich immer als normal gelten will, aber im Endeffekt steht sie nur auf Frauen. Die zwei reden noch lange darüber, bis sie schließlich einschlafen.

Seit diesem Abend schmelzen die Tage nur so dahin, Vasaria fühlt sich immer wohler in Arasas Anwesenheit. Immer öfter umarmen sie sich und Vasaria fühlt sich bei ihr geborgen. Eines Tages spielen sie auf dem Berg, der mit dem schönsten Weiß des

Schnees bedeckt ist. Sie beschließen gemeinsam diesen hinunterzukugeln. Während sie sich auf dem Boden wälzen und lachend den Berg runterrollen, werden beide ernster, und als sie zum Stillstand kommen, küsst Arasa Vasaria. Vasaria kann nicht genug von ihren Küssen bekommen, doch irgendwann ist immer Schluss und Arasa verhält sich vor den Anderen so, als wäre nichts geschehen. Dies verletzt Vasaria zutiefst, doch sie lässt sich nichts anmerken. Nur wenn beide alleine sind, kommt Arasa zu ihr und küsst sie. Vasaria weiß nicht, wie ihr geschieht, sie merkt nur, sie muss hier weg.

Eines Nachts packt Vasaria ihre Sachen und schreibt Arasa einen Abschiedsbrief. Als sie leise an dem Marktplatz vorbeischleicht, tippt ihr Zangerl auf die Schultern. Erschrocken schaut Vasaria ihn an. „Ich wusste, dass du dieses Spiel nicht mehr länger aushältst, das war nur eine Frage der Zeit. Wir haben genau mitbekommen, wie

Arasa mit deinen Gefühlen und deiner Liebe spielte." „Was, Liebe? War das Liebe?", platzt Vasaria dazwischen und spielt noch einmal alles im Kopf ab, was geschah und wie sie sich dabei fühlte. „Ob das Liebe für dich war, kannst nur du wissen, aber so wie ich alles beobachtete, gehe ich von Liebe aus", meint Zangerl. Zustimmend sagt Vasaria: „Du hast schon Recht, es ist Liebe, ich wollte dafür nicht richtig meine Augen öffnen. Wie man so schön sagt, blind vor Liebe bin ich. Ich wollte nicht wahrhaben, was mit mir geschieht. Auch wenn ich dies nun weiß, so kann ich mit Sicherheit sagen, dass ich, wenn ich Arasa wiedersehen sollte, ihr genauso wie zuvor verfallen werde. Somit brauche ich den größtmöglichen Abstand und muss meinen Schmerz langsam verheilen lassen." Zangerl wünscht ihr zum Abschied noch alles Gute und dass sie die wahre Liebe finden wird, auch wenn dies dauert. Vasaria bedankt sich für die Gastfreundschaft und macht sich im Dunkeln auf den Weg.

Der Schnee erhellt etwas die Dunkelheit, doch Vasaria nimmt dies gar nicht wahr, ihre Gedanken beschäftigen sich zu sehr mit Arasa. Wie gern wäre sie in ihrer Nähe und wie gern würde sie jetzt einen Kuss bekommen. Nein, das ist jetzt Vergangenheit. Ich muss nach vorne blicken. Es geht nicht – und schon wieder denkt sie an die weichen Lippen und an das lockige Haar. Ganz verträumt sieht sie nicht, was um sie herum ist. Riesige Löcher, die aussehen wie Fußabdrücke. Vasaria nimmt dies erst wahr, als sie in einen dieser Fußstapfen fällt. Sie flucht, schimpft, hat keine Lust mehr, alles, was sie anfängt, geht schief. Sie schlägt ihren Kopf gegen die Wand, bis sie Sternchen sieht.

Dann spürt sie es wieder an ihrem Ohr zupfen. Vasaria freut sich schon, denn sie denkt es ist Nile, doch als sie zur rechten Schulter schaut, sieht sie ein Engelchen, das mit frohlockender Stimme sagt: „Du darfst dich nicht einfach aufgeben, das mit der Liebe kann jedem passieren und mit den

Fußstapfen ist es doch halb so wild. Davon geht die Welt nicht unter." Währenddessen spürt sie es am linken Ohr kräftiger zupfen und ein kleines Teufelchen spricht: „Höre nicht auf den Frohebotschaftsengel, der phantasiert sich doch nur alles zusammen. Du hast schon Recht. Du bist an allem Schuld und jeder ist gegen dich, Du hättest es sehen können, was mit dir geschieht. Du bist echt niederträchtig." Vasaria traut ihren Augen und Ohren nicht. Beide Wesen sprechen mittlerweile durcheinander und Vasaria versteht kein Wort mehr. „Seid doch endlich still! Ihr beide könnt nicht für mich und mein Leben entscheiden. Ich treffe die Entscheidung und ich fühle mich von euch bedrängt, lasst mich in Ruhe, ich muss selbst meine Gedanken sammeln. Bitte geht wieder", schreit Vasaria energisch. Das Engelchen und das Teufelchen schauen sich an, heben die Schultern und verpuffen in der Luft.

Immer noch böse auf sich selbst, klettert Vasaria aus dem Loch. Erst jetzt schaut sie sich um und sieht viele Löcher vor sich. Dieses Mal konzentriert sie sich auf den Weg, um nicht nochmal in so eines zu fallen. Plötzlich bebt der Boden und Vasaria kann sich gerade noch an einem dicken Ast festhalten, um nicht hinzufallen. Erschrocken geht ihr Blick nach oben und sie sieht einen Riesen, der sich zu ihr niederkniet. Die Angst, die Vasaria umgibt, legt sich, als der Riese Tizian zu ihr mit sanfter Stimme flüstert: „Bitte fürchte dich nicht." Er fragt sie, was sie in das Land der Riesen trieb. Vasaria erzählt und beschreibt die bisherige Reise und den Liebesschmerz.

„Komm auf meine Hand, ich möchte dir helfen, soweit ich kann", sagt Tizian. Er streckt die Hand aus und Vasaria klettert auf diese. Behutsam hält er sie fest. Tizian geht auf seine Freunde zu, denen er berichtet, was Vasaria zu ihnen führt. „Wir können dir sagen, dass die Schmerzen, welche du momentan empfindest, vergehen werden. Du wirst darüber hinwegkommen, sobald du weinst und du weißt, was du mit deiner Träne anfangen sollst. Dann wird es Vergangenheit sein und du kannst nach vorne blicken. Du wirst genauso erkennen, dass die Liebe etwas Wunderschönes sein kann, wenn Ehrlichkeit, Treue, Respekt und Vertrauen auf beiden Seiten vorhanden ist und wenn die Liebe ein unwahrscheinlich kräftiges Band zwischen den beiden Personen ist. Gib dir länger Zeit und du wirst deine große Liebe finden", verkünden die Riesen ihr gemeinsam. Vasaria hat ihre Ohren ganz weit aufgesperrt und alles in sich aufgenommen, dennoch kann sie nicht alles glauben, was die Riesen erzählen. Eine Bitte hat Vasaria an Tizian und fragt, ob er ihr ein wenig behilflich sein kann, den Weg zu meistern. Tizian nimmt sie wieder auf seine Hand und geht mit seinen riesigen Schritten schnell vorwärts. An einem Waldstück bleibt er stehen, lässt Vasaria nieder und verabschiedet sich. Vasaria bedankt sich mit einem Kuss an seiner Hand. Der Riese wird rot, dreht sich um und marschiert Richtung Heimat.

Der Wald kommt Vasaria bekannt vor, aber sie kann ihn nicht einordnen. Ihr ist es egal und sie geht unsicher in den Wald. Als sie hier durch den Wald schlendert, kommen ihr wieder die Gedanken an Arasa. Sie vermisst sie und es tut enorm weh. Als sie diesen Schmerz spürt, kommen glasklare Tränen, die an ihren Wangen leuchten. Der Schmerz durchbohrt Vasarias Herz und als der letzte Stich kommt, rollt die letzte Träne aus ihrem Auge. Vasaria nimmt diese Träne in die Hand und jetzt wird sie diese an einen bestimmten Ort bringen. Sie überlegt, wo sie diese hinbringen kann. Abermals horcht sie in ihr Herz und geht den langen Weg im Wald entlang.

Stunden später kommt Vasaria an einem schönen, hellen Platz an. Sie bleibt stehen und schaut ihre Träne an. Die Träne leuchtet kräftig und sie legt diese auf die Seite.

Instinktiv und voller Elan gräbt Vasaria ein Loch, legt die Träne hinein und schüttet die Erde wieder darauf. Sie setzt sich auf die Stelle und versucht sich nochmal an alles zu erinnern, was ihr gesagt wurde, über die Liebe. Und als sie an Arasa denkt, weint sie erneut. Vasaria spürt es unter sich bewegen, sie geht auf die Seite und sieht, wie aus der Erde ein wunderschöner großer, kräftiger Baum entsteht.

Mit aufgerissenen Augen schaut sie ihn an. Als sie den Baum betrachtet, wird ihr bewusst, dass sie über den Liebesschmerz hinwegkommen wird und sie muss sich auf die Zukunft konzentrieren. Da fallen ihr wieder die drei Wünsche ein und jetzt weiß sie endlich einen Wunsch, den sie nun ausspricht: „Ich wünsche mir die wahre Liebe mit Respekt, Geborgenheit, Ehrlichkeit und am allerwichtigsten mit Treue." Nachdem sie es ausgesprochen hat, kommt die große Fee Anabell und spricht zu Vasaria: „Du wirst noch öfter auf Reisen gehen, bevor

du die wahre Liebe finden wirst, aber du wirst ihr auf jeden Fall über den Weg laufen und wirst wissen, dass dies deine Liebe ist."
Lächelnd fliegt Anabell weg und Vasaria spaziert fröhlich zu ihrem Unterschlupf.

**Teil III**

**Träume in dir**

An einem sonnigen Mittwochmorgen wird Vasaria von den angenehmen warmen Strahlen geweckt. Sie dreht sich auf die andere Seite, kuschelt sich nochmals in die Bettdecke und fängt an zu überlegen. Sie kann es noch immer nicht fassen, dass sie eine Unterkunft fand und in einem bequemen Bett liegt und alles seinen gewohnten Weg geht. Erst gestern noch war sie auf Entdeckungsreise und jetzt soll es vorbei sein? Sie ist davon überzeugt, dass sie abermals einen steinigen Weg beschreitet und genauso viel Lebenserfahrung heimbringt.

Die darauffolgenden Tage vergehen und an jedem dieser einzelnen Tage meint sie, dass sie jemand Bekanntes sieht. Einmal auf der Straße Fridolin oder die Verkäuferin könnte

Nile sein. Doch sie weiß, dass sie diese nur an den bestimmten Orten treffen kann. Sie hat Sehnsucht nach allen und doch weiß sie, dass ihre Freunde sie niemals alleine lassen werden und alle in ihrem Herzen vereint sind. Der Gedanke daran tut Vasaria gut und sie schöpft neuen Mut, um sich ein neues Lebensziel zu suchen. Sie weiß, ihre Freunde werden niemals ersetzbar sein, aber sie braucht neue Freunde, mit denen sie lernt richtig Spaß zu haben, füreinander da zu sein und um gemeinsam das Leben zu bestreiten.

Wie schon so viele Male zuvor weiß sie nicht, wo sie zuerst anfangen soll. Ihr Herz meldet sich diesmal nicht und sie ist verwirrt. Bisher sind die anderen Expeditionen besser verlaufen. Anscheinend ist sie noch nicht bereit dafür und muss noch abwarten. Vasaria erlebt abermals die langweiligen Tage wie in ihrem bisherigen Leben. Tagein und tagaus immer dasselbe, sie kann nichts daran ändern. Sie hat mehr Lebenserfahrung und kann ihr Leben nicht umgestalten.

Innere Leere macht sich breit und auf ein Gefühl, dass das Herz wieder zu ihr spricht, wartet sie vergebens.


Nach einigen Monaten verspürt Vasaria wieder ein fremdes Gefühl, das sie dachte verloren zu haben. Das Herz spricht wieder zu ihr, sie erkennt es beinah nicht. Die Zeit ist reif, sie darf sich auf etwas Spannung freuen. Voller Freude und Aufregung macht sich Vasaria auf den Weg. Sie geht den Bach entlang und beobachtet, wie die Fische schwimmen, die Vögel um Vasaria herum zwitschern und die Wolken vorüberziehen. Schon lange hat sie nicht mehr die Natur so genossen. Ihr kommt dies gar nicht real vor, es kann doch nicht alles um sie friedlich sein. Jedoch alles um sie herum ist ruhig, nicht nur die Natur, selbst die Menschen, die sie sieht, sind freundlich zueinander. Es ist ihr nicht geheuer, das kann doch gar nicht sein. Dennoch geht sie weiter den Bach entlang. Meter für Meter, die sie weitergeht, kommt es ihr vor, als ob alles um sie herum perfekt ist, und es macht den Anschein, dass jeder irgendwie sein volles Lebensglück erreicht hat und zufrieden ist. Als wären ihnen die drei wichtigsten Wünsche erfüllt worden, welche Vasaria noch offen hat. Vasaria schüttelt den Kopf, denn so etwas kann es nicht geben.

Nachdem sie über Felder und Wiesen gegangen ist, bleibt sie erschöpft vor einem Bauernhof stehen. Sie findet diesen toll und möchte dort die Nacht verweilen. Vasaria nimmt ihren ganzen Mut zusammen und klopft an die Türe, ohne zu wissen, was sie in der nächsten Stunde erwartet. Ein Bauer öffnet die Tür und lächelt Vasaria an, welche versucht ein Lächeln zu unterdrücken, als sie den Bauer sieht. Viele Sommersprossen übersähen sein Gesicht, und die Nasenspitze sowie die Ohren laufen spitz zu. Trotz des lustigen Anblicks empfindet sie ihn auf den ersten Blick hin sympathisch und lächelt zurück. Sie fragt ihn, ob sie diese Nacht bei ihm am Küchenboden oder irgendwo anders verbringen kann, um sich wenigstens etwas ausruhen zu können. Er lächelt immer noch und bittet sie herein.

Seine Frau Trude steht am Herd und bereitet das Abendmahl zu. Diese sieht genauso lustig aus wie ihr Gatte und lächelt Vasaria ebenfalls an. Zusammen setzen sie sich an einen rustikalen Tisch. Sie laden sie zum Essen ein und beide sind dafür, dass sie bei ihnen übernachten kann, wenn sie zwei Bedingungen eingeht: Sie muss in der Scheune im Heu schlafen und vor dem Schlafengehen soll sie ein Glas Mich trinken. Vasaria hat gegen beides keine Einwände, sie liebt es, im Heu zu schlafen, und die Milch macht ihr auch keine Probleme. Hauptsache, sie kann sich ausruhen. Der Abend ist noch recht amüsant und Vasaria ist froh, dass sie sich getraut hat, dort zu fragen. Sie kann ihr Glück kaum fassen.

Spät am Abend wird sie müde und fragt die beiden nach dem Glas Milch, um endlich ins

Bett gehen zu können. Die Bäuerin Trude geht sie holen. Vasaria sieht jedoch nicht, wie sie in die Milch ein Pulver schüttet und leise murmelt: „Eine interessante Reise, Mädchen." Als sie Vasaria das Glas gibt, wünscht sie ihr angenehme Träume. Vasaria findet alle so nett und macht sich freudestrahlend auf den Weg zum Heu. Sie fühlt sich im Heu wohl und schläft sogleich ein. Und das Träumen beginnt. Oder auch nicht?

Vasaria wacht auf einem Heuhaufen auf, aber der Ort ist nicht mehr derselbe. Diesen hat sie noch nie zuvor gesehen. War vorher alles nur ein Traum oder ist dies jetzt einer? Es fühlt sich so echt an und es riecht so, wie es riechen soll. Um zu sehen, dass sie nicht phantasiert, kneift sie sich in den Arm. „Au. Ich träume nicht, sonst würde ich dies nicht spüren", spricht Vasaria laut zu sich selbst. „Mit wem sprichst du? Etwa mit mir? Ich tu dir nicht weh, sondern du mir. Du liegst auf meinem Schwanz. Auuuuuuaaaaaa", sagt eine kleine Maus zu ihr. Vasaria erschrickt, springt auf die Seite und schaut die Maus fragend an. „Na das wurde auch endlich mal Zeit, das tut ganz schön weh."

Wenige Sekunden später hat sich Vasaria gefasst und entschuldigt sich mehrmals bei ihr. „Ist schon gut, es geht schon. Ich bin nicht niederzukriegen. Wie heißt du eigentlich? Und was machst du hier? Ich bin Maxi!" Vasaria muss sich ein Lachen verkneifen und schmunzelt; er heißt Maxi und ist aber dafür ganz schön winzig. Ist das niedlich. „Ich heiße Vasaria und weiß ehrlich gesagt nicht, was ich hier mache und wie ich hier hergekommen bin. Wo bin ich überhaupt?" Vasaria blickt sich fragend um. Maxi sieht sie verwundert mit großen Augen an und sagt: „Was, du weißt nicht, wo du bist und wie du hier hergekommen bist?" Er schüttelt ungläubig den Kopf und spricht weiter: „Du bist im Träume-werden-wahr-Land. Und du kommst hier nur mit einer Spezialmilch her und die letzte Sache ist noch, du musst daran glauben." Verdattert schaut sie Maxi an, aber als er Milch sagte, ging ihr ein Licht auf. Sie kann sich noch an alles erinnern, die Milch und wie die Bäuerin ihr schöne Träume gewünscht hat.

Dies erzählt sie Maxi. „Na, dann ist es klar und siehe da, du glaubst an das alles, sonst wärst du nicht hier. Jetzt kannst du deine Träume wahr werden lassen. Falls ich dir helfen kann, bin ich gerne dein Wegbegleiter", sagt Maxi mit freudigem Gesicht. Vasaria kann dies nicht abschlagen und meint: „Oh ja, du kannst mich gerne begleiten, somit sind wir beide nicht alleine und können uns gegenseitig eine Stütze sein."

Während sie noch in der trostlosen Gegend herummarschieren, lernen die beiden sich immer besser kennen und haben viel Spaß miteinander. Für jedes Lachen, das Vasaria von sich gibt, erscheint ein Stück mehr Farbe in ihrem Traum. Das geht so weit, bis sie an einem schönen Fluss entlanggehen, die Wiesen voll mit schönen Blumen sind, auf den Bäumen die Vögel singen und die Sonne warm vom Himmel strahlt. So fühlen sie sich wohl in dieser geschaffenen Welt. Zuerst will Vasaria alles nur genießen, die Farben und die Schönheit der Natur in sich aufnehmen.

Nach einer Weile schauen sich beide an und wissen genau, was der andere denkt und will. Sie lachen sich an, nicken und springen ins kühle Nass. Sie haben viel Freude und alles, was sich Vasaria vorstellt, passiert. Zuerst hängt ein Knoten vom Baum und sie schwingen damit herum und lassen sich ins Wasser fallen. Und dann eine Rutsche aus Steinen, die kurvig in den Bach führt. Wenn sie nicht müde wären, würden sie immer noch im tollen Phantasie-Wasserpark spielen. Alle Glieder von sich gestreckt, liegen sie da und lassen sich von der Sonne trocknen und erholen sich.

Trocken und voller Neugierde gehen sie weiter. Vasaria spürt, dass sie noch nicht das

Richtige für sich erträumte und folgt ihrem Herzen. Vasaria träumt von ihren Freunden. Vasarias Blick gleitet eine lange Wiese entlang und sie sieht, wie ihre Freunde ihr zuwinken. Es sind alle gekommen, Seepferdchen Walli, die Elfe Nile, Atraxa, Fridolin, die große Fee Anabell und viele mehr. Während sie gemeinsam ein Picknick verzehren, tauschen sie sich untereinander aus und Maxi wird herzlich in die Runde aufgenommen.

Vasaria ist wieder glücklich und fühlt sich unter diesen Freunden zufrieden. Wie sehr hat sie dieses Gefühl vermisst. Dennoch weiß sie, dass diese nicht ihre innere Leere füllen können und sie nicht immer das Geborgenheitsgefühl geben können, denn sie werden wieder ihre eigenen Wege gehen. Als ihr dies durch den Kopf geht, merkt sie, wie sie langsam wieder traurig wird und verabschiedet sich mit schwerem Herzen von ihnen. Aber sie weiß, dass es so am besten ist. Maxi erkennt sofort, dass es ihr nicht gut geht, und tröstet Vasaria. Sie kann ihre Tränen nicht mehr zurückhalten und fängt bitterlich an zu weinen. Als die erste Träne aus ihrem Auge die Wange runterrollt, beginnt es zu regnen. Sie kann nicht verstehen, warum sie immer wieder durch solche Höllenquallen muss.

Maxi stimmt ein Lied an, welches sehr beruhigend auf Vasaria wirkt. Er hört nicht eher auf, bis die letzte Träne schwindet und der letzte Tropfen vom Himmel fällt. Vasaria hebt Maxi vom Boden hoch und küsst ihn vor lauter Dankbarkeit. Zu ihm gewandt meint sie: „Ich habe gerade begriffen, Freunde kommen und gehen, aber ich selber muss immer mit mir zurechtkommen. Ich muss mich selbst beschützen, denn niemand anders kann das als ich selbst. Ich habe die Verantwortung über mich und soll sie nicht anderen aufbürden." Maxi nickt zustimmend. „Dennoch fehlt etwas in mir, sozusagen das Gegenstück", meint Vasaria zu Maxi. „Ich habe nie jemanden lieben können und ich ersehne mir nichts mehr, als endlich einen Menschen heiß und innig zu lieben. Ich brauche eine Frau!" Vasaria träumt vor sich hin, wie sie aussehen soll und welche Charaktereigenschaften sie braucht, um mit ihr gemeinsam glücklich zu werden.

Maxi staunt nicht schlecht, als er die brünette Frau auf sie zukommen sieht. Er ist gespannt, ob sie wirklich so ist, wie sich Vasaria sie erträumt. Als Lilli sie mit weicher Stimme begrüßt, schmelzen Maxi und Vasaria förmlich dahin. Maxi weiß, dass er nun nichts zu melden hat, und doch gönnt er es Vasaria von Herzen. Lilli und Vasaria unterhalten sich über vieles, womit Maxi nichts anfangen kann, und er verschwindet.

Die beiden bekommen dies gar nicht mit. In diesem Traum vergeht die Zeit und Vasaria ist überglücklich mit Lilli, doch eines Tages merkt Vasaria, dass ihr dennoch ein guter Freund fehlt, den die Freundin nicht ersetzen kann. Und erst jetzt bemerkt Vasaria, wie kalt sie Maxi stehen ließ. Keine Freunde sind da! Schon wieder alleine. Sie ist ja im Träume-werden-wahr-Land, also kann sie sich die auch herbeiwünschen. Gedacht, geschehen. Alle sind um sie herum. Jedem möchte sie was geben, für jeden möchte sie die Beste und Liebste sein. Von jedem möchte sie Anerkennung und Geborgenheit. Doch es ist zu viel für sie. Sie kann es nicht mehr koordinieren, sie will alles auf einmal, bekommt es und schafft es nicht mehr, damit umzugehen. Sie weiß nicht mehr, wer welche Gefühle bekommen soll. Vasaria schreit lauthals und dreht sich kräftig im Kreis, bis es einen lauten Knall gibt und Vasaria in der Luft verpufft.


Schreiend wacht Vasaria auf. Sie schaut sich um und tastet ihren ganzen Körper ab. Sie ist wieder in der Scheune und doch kennt sie sich nicht mehr aus. Ihr Herz rast. Was ist jetzt real und was nicht? Vasaria ist fix und fertig. Sie würde gerne weiterschlafen, sie fühlt sich, als hätte sie über Monate keinen

Schlaf bekommen. Aber sie hat Angst, dass nochmal passiert, was eben vorgefallen ist. Das möchte sie auf keinen Fall mehr. Sie versucht sich zu beruhigen, indem sie tief durchatmet.

Nur langsam kann sich Vasaria beruhigen. Sie möchte von hier so schnell wie möglich weg und packt ihre Sachen zusammen. Als sie ihren Rucksack packt, fällt ihr der Zauberstein entgegen. Sie denkt an Nile, wie sie sich in ihrem Traum oder in der Realität verhielt und was sie sich dachte. Sie möchte Nile nicht zur Last fallen, sie muss dies nun alleine durchstehen und sie kann es schaffen, wenn sie nur stark an sich glaubt. Vasaria wirft den Zauberstein hinter sich. „Aua, gut gezielt, ohne nach hinten zu schauen." Vasaria schaut sich erschrocken um und sie sieht eine kleine Maus. „Hey, Vasaria, das, was du denkst, ist nur zur Hälfte wahr, denn Nile hätte dir nicht den Stein gegeben, wenn sie dir nicht helfen wollte. Alleine kannst du es sicher schaffen, doch gemeinsam hast du bessere Chancen, denn der andere kann dich stützen, dich auffangen oder dich wieder aufbauen. Alleine würdest du schneller aufgeben. Und doch schaffst du es, weil du die Richtung angibst und das Herz am rechten Fleck hast. Hebe den Stein auf und wünsche dir Nile herbei", sagt die Maus. Vasaria schaut sie immer noch ganz verwundert an und fragt stotternd: „Woher weißt du das alles, ich habe das alles nur gedacht. Wer bist du? MAXI?" „Ja, ich bin Maxi, ich war in deinem Traum, ich kann Gedanken lesen und mich somit auch in Träume einschleichen. Hier, nimm erst mal den Stein." Verwundert nimmt sie den Stein und reibt daran.

Als Nile auf ihrer rechten Schulter auftaucht, löst sich ihre Starre. Ohne lang um den heißen Brei zu reden, fängt Nile an: „Wie ich sehen kann, bist du momentan ziemlich durcheinander. Aber es wird für dich gleich einen Sinn ergeben. Es war wichtig, dass du in diesem Land warst, um etwas zu lernen;

über Freundschaft und die Liebe. Was du aus alledem herausziehst, kannst nur du wissen, und ich hoffe für dich, dass dann bald deine Wünsche in Erfüllung gehen werden."

Vasaria kehrt in sich. Außerhalb der Scheune kann man die Vögel zwitschern hören. Maxi und Nile warten gespannt, was sie ihnen nun erzählen wird. Ruhig und nachdenklich antwortet Vasaria: „Ich habe ziemlich viel gelernt. Das Erste ist, dass ich nicht jede Bekanntschaft zu einer Freundschaft umwandeln kann, denn die Freundschaft braucht eine besondere Pflege und diese kostet Zeit und Kraft. Dies soll ich nicht mehr jedem geben, da mich dies sonst überfordert und die wahren Freundschaften leiden darunter. Ich muss lernen, wahre Freunde in einen engeren Kreis zu bekommen und die Bekanntschaften nicht zu sehr zu integrieren, aber auch nicht wegzustoßen von mir. Ebenso muss ich lernen, den richtigen Freundeskreis zu finden und aufzubauen, in dem Freud und Leid geteilt wird. Ein Geben und Nehmen. Gelernt habe ich noch, dass Freunde einem bleiben und Bekanntschaften kommen und gehen. Ich muss mich von Menschen lösen, wenn diese nicht mehr in mein Leben passen. Der zweite Punkt ist die Liebe, das ist noch eins der größten Rätsel für mich. Ich weiß, ich kann lieben, ich muss es nur zulassen und mich dafür öffnen, darf mich nicht zu sehr an Altes klammern, muss nach vorne blicken und die Augen offen halten, um sehen zu können, was mir Neues begegnet. Und wenn ich eine Liebe gefunden habe, dann sollte ich auch nicht meine Freunde im Stich lassen." Vasaria wird still.

Sie weiß nicht, wie sie dies umsetzen soll und ob sie das auch jemals schaffen wird. Zweifel machen sich breit. Jetzt mischt sich Maxi ein: „Mach mal langsam, Vasaria, du bist ein starkes Mädchen, gib dir Zeit. So, wie du von dir denkst, solltest du es nicht tun. Wir halten zu dir und glauben an dich, du schaffst es. Es wird nicht immer leicht sein, dennoch wirst du den rechten Weg gehen." Vasaria tut sich schwer, diese Worte anzunehmen, aber letztendlich nickt sie zustimmend. Sie wird es versuchen und will nicht so einfach aufgeben. Außerdem fällt ihr noch ein, dass sie in Zukunft nicht alles von Anderen und sich verlangt. Maxi ist stolz auf sie, klettert an ihr hoch und drückt ihr einen dicken Schmatzer auf.

**Teil IV**

**Der Weg der Entscheidungen**

Vasaria macht sich dieses Mal nicht alleine auf den Weg, sondern Maxi und Nile sind bei ihr. Sie wandern über Berge, schwimmen durch Seen und schlagen sich durch hohes Gestrüpp. In einer Vollmondnacht entfachen sie ein Lagerfeuer in einer mystischen Seenlandschaft, die ihnen nicht ganz geheuer ist. Dennoch ruft es in ihnen eine gewisse Spannung hervor.

Während das Feuer knistert, essen die drei Bohnen, welche sie bei der Reise gesammelt haben. Ihnen bleiben einige übrig und sie überlegen, was sie mit dem Rest machen könnten. Aufheben bringt nichts, da sie sonst schlecht werden. Währenddessen kommt das kleine Moosvolk an ihnen vorbei. Sie beklagen sich darüber, dass sie schon lange wandern und nichts mehr zum Essen gefunden haben und dabei doch so einen großen Hunger haben. Vasaria zögert nicht lange und bietet ihnen die übrig gebliebenen Bohnen an. Das Moosvolk bedankt sich überglücklich und zieht von dannen.

Was Nile, Maxi und Vasaria nicht sehen, ist, dass diese gar nicht die Bohnen vertilgen, sondern hinter einem dichten Busch, nahe dem See, in der Erde vergraben. Sie haben sie belauscht und können die Bohnen für etwas anderes gebrauchen. Wie durch Zauberei sprießen in wenigen Sekunden die ersten Stängel und Blätter in die Höhe. Das Moosvolk freut sich über ihr gelungenes Werk und kehrt in ihre Landschaft zurück.

Über Nacht nimmt die Zauberei ihren Lauf. Die drei bekommen kein bisschen davon mit, sie schlafen tief und fest. Wahrscheinlich könnte sie nicht einmal ein Erdbeben wecken, so sehr hat sie ihre Wanderschaft strapaziert. Erst am nächsten Morgen meinen sie, sie träumen immer noch, als sie zu dem

See blicken. Gegenseitig kneifen sie sich in den Oberarm, um zu spüren, dass sie wach sind und nicht träumen. Neugierig gehen sie zu dem riesigen Gewächs hinüber und blicken sich fragend an. Eine riesige Bohnenstange ragt bis in den Himmel hinein.

Vasaria kann sich nicht zügeln und klettert sogleich an dieser Bohnenstange entlang. Maxi und Nile haben noch Ehrfurcht und rufen Vasaria nach, sie solle doch bitte wieder herunterkommen. „Nein, das mache ich nicht, es macht irrsinnigen Spaß und ich kann einfach nicht mehr aufhören zu klettern. Kommt auch hoch, ich würde euch beide gerne bei mir haben." Nile fällt es leichter, ihre Angst zu überwinden, und startet als Nächste. Mit schlotternden Beinen kommt Maxi nach, alleine will er schließlich nicht zurückbleiben.

Keiner kann das Ende sehen und mit etwas Unbehagen klettern sie immer weiter. Maxis Füße fangen mit der Zeit zu schmerzen an und er kann sich nicht mehr zurückhalten und jammert. Sie machen Halt, Vasaria schnappt sich Maxi und setzt ihn auf ihre Schulter, sie möchte unbedingt den Weg fortsetzen und nicht ewig aufgehalten werden.

Mit der Zeit lichten sich langsam die Wolken über ihnen und Vasaria meint, das Ende schon erblicken zu können. Gegenseitig motivieren sie sich, um nicht schlappzumachen. Nachdem sie die Wolken hinter sich gebracht haben, ist das Gewächs zu Ende. Das Dreiergespann erforscht diese Wolkenwelt und findet es sehr angenehm, auf diesem Boden zu gehen. Es kommt ihnen vor, als ob ihre Füße massiert werden. Alle fühlen sich sehr wohl, selbst Maxi, dem nun nicht mehr bewusst ist, dass er so weit oben ist und seine Füße schmerzen.

Umso weiter sie in das Wolkenmeer gehen, desto mehr Farben nimmt es an. Es umgibt eine Fauna und Wolkenformationen, welche sie noch niemals in ihrem Leben zuvor gesehen haben. Diese wunderbare Pracht zaubert Vasaria ein Lächeln auf die Lippen, selbst wenn in ihrem Kopf viele Selbstzweifel sind und genügend Gedanken, die sie fertigmachen. Sie will dies verdrängen, sie möchte jetzt mit ihren Freunden die Zeit genießen. Sie laufen um die Wette und spielen Fangen, bis Nile gegen einen Baum fliegt. „Aaaauuuhhh, ah tut mir mein Schädel weh!" „Wie, dein Schädel? Meiner brummt erst!", gibt der Baum von sich. Verdutzt schaut Nile den Baum an, welcher sehr alt und erfahren aussieht, und bringt eine Entschuldigung heraus. Langsam kommen sie ins Gespräch mit dem Baum Waldburga. Maxi fragt sie über ihre Lebensgeschichte aus und sie erzählt voller Eifer. Während sie redet; benutzt sie ihre Zweige und Äste, was die drei noch mehr an der alten Geschichte fesselt. Langsam bricht die Nacht herein und Waldburga beschützt ihre Zuhörer mit ihren Ästen.

Am darauffolgenden Tag gibt sie den dreien einen Rat, wo sie ihren Weg fortsetzen sollen, so dass sie noch mehr über sich selbst erfahren können, da sie merkt, dass sie nicht nur zu ihrem Vergnügen hier sind. Der Rat wird ernst genommen und somit wandern sie den gelben geschlängelten Pfad entlang. Es dauert nicht lang, bis der Weg sich in zwei Richtungen teilt. Tja, wo sollen sie jetzt weitergehen? Maxi meint, er müsse hier nun entscheiden und beschließt, dass sie den linken Weg nehmen. Vasaria und Nile, welche eine eigene Meinung haben, verschweigen diese und folgen mit Maxi der linke Abzweigung, welche ihnen nicht besonders behagt.

Ihr Gefühl bestätigt sich bald, als alles um sie finster wird. Maxi und Nile setzen sich auf Vasarias Schulter, so dass sie sich nicht verlieren. Es ist finster und Vasaria hat Angst, jetzt ist sie auf sich gestellt und soll noch zwei Freunde sicher hindurchführen. Zurück finden sie nicht mehr.

Mit weichen Knien tastet sie sich vorwärts. Nile, die ziemliche Furcht bekommt, klammert sich ganz fest an Vasarias Ohr. Maxi möchte immer noch seinen Kopf durchsetzen und kommandiert Vasaria, was sie zu tun hat. Sie ist verunsichert, hat kein Vertrauen zu sich und hört doch lieber auf die kleine Maus. Mit kleinen Schritten tippelt sie voran, sie sieht absolut nichts. Ein Schritt fällt größer aus als geplant und das wird ihnen zum Verhängnis. Sie fallen in ein schwarzes Nichts. Maxi und Nile können sich nicht länger festhalten und jeder stürzt für sich in das Unbekannte.

Vasaria kommt es vor, als habe das Nichts kein Ende, und geht in Gedanken nochmals alles durch, was dazu geführt hat, sich nicht entscheiden und durchsetzen zu können. Als ihr der Gedanke kommt, landet sie plötzlich auf einer weichen Wolke. Kein harter Aufprall, wie sie erwartet hat. Sie schaut sich um und sucht ihre Freunde. Keiner von beiden ist mehr in Sicht. Sie ruft laut ihre Namen ins Weite, doch es kommt keine Antwort zurück.

Jetzt ist sie wieder alleine, das hat sie nun davon. Warum hat das Nichts sie einfach verschluckt? Und noch viele Fragen, die ihre Existenz in Frage stellen. Vasaria kommt nicht von dem Gedanken los, doch ihr gelingt es, als ein kleiner hübscher Schmetterling namens Antschu sich auf ihrer Hand niederlässt. Antschu lächelt sie an und versucht mit einigen Kunsttücken wie Fliegersalti oder Schwungdoppler und komischen Sprüchen Vasaria aufzuheitern. Was ihr auch gelingt, Vasaria bekommt neuen Aufschwung. Antschu ermuntert sie immer mehr, bis Vasaria sie fragt: „Hast du nicht Lust, mit mir zu gehen?" Doch der niedliche Schmetterling lehnt ab und sagt zu ihr, dass sie ihren eigenen Weg finden muss, aber sie sich gerne nach ihrer Reise wiedersehen könnten. Vasarias Lächeln verschwindet und ihre Kehle ist wie zugeschnürt. „Glaub mir, es ist gut, dass du lernst, mit deinen Entscheidungen umzugehen", teilt ihr Antschu mit, während sie schon weiterfliegt. Vasaria ist nachdenklich und traurig. Während sie ihr nachsieht, kommt eine kleine Elfe über sie und bestäubt sie mit Schlummersand. Von allem bekommt Vasaria nichts mit, sie wird müde und lässt sich auf der bequemen Wolke nieder, warum sollte sie nicht ihr Nickerchen hier abhalten?

Als Vasaria nach Stunden aufwacht, hängen unendlich viele Spiegel vor ihr. Ein Spiegellabyrinth! Sie kneift sich abermals, um festzustellen, ob sie wirklich wach ist. Ja, das tut weh, sie ist auf jeden Fall wach und muss sehen, wie sie da jetzt wieder herauskommt. Keiner ist in der Nähe, der ihr auch nur eine einzige Entscheidung abnehmen kann. Überall, wo sie hinschaut, ist nur ihr Spiegelbild zu sehen. Vasaria hört tief in sich hinein und versucht auf ihre innere Stimme zu hören, wie schon oft zuvor in ihrem Leben.

Bevor sie sich jedoch richtig damit befassen kann, tauchen wieder zwei Gesichter auf. Zur Rechen das Teufelchen und zur Linken das Engelchen. Beide versuchen jeweils mit eigener Meinung zu überzeugen. Das Engelchen meint: „Gehe los, egal für welchen Weg du dich entscheidest, er wird dich an das Ziel bringen." Darauf erwidert die dunkle Gestalt: „Alles Quatsch! Warum anstrengen, setze dich hin und warte, bis jemand kommt. Es wird dich schon irgendwann jemand mitnehmen und gemeinsam mit dir den richtigen Weg gehen, du musst nur warten können." Für Vasaria ist es eine schwere Entscheidung, auf wen sie hören soll. Für sie ist beides einleuchtend und ihr fallen doch die Entscheidungen so schwer. Jedoch ist ihr nicht bewusst, dass sie vorher schon genügende getroffen hat, sonst wäre sie jetzt nicht hier.

Nach langem Hin und Her fällt ihre Wahl auf des Engelchens Rat, welches sogleich zufrieden und mit erhobenem Haupt verschwindet. Das Teufelchen hingegen stampft mehrmals in die Luft und verpufft. Vasaria ist sich nicht ganz sicher, ob ihre Wahl die richtige ist, und kann sich selbst noch nicht vertrauen. Das Teufelchen wollte sie auch nicht enttäuschen.

Als sie die Spiegel anblickt, denkt sie sich, dass es immer die goldene Mitte heißt und beschließt mitten durch zu gehen. Wie es sich später noch herausstellt, ist es keine schlechte Wahl gewesen, auf den Engel zu hören und auf sich selbst. Kaum hat sie sich öfters für eine Richtung entschieden, spürte sie wieder ihre innere Stimme und sie wird immer sicherer, glaubt an sich und an das, was sie tut, und ihr Wille wird stärker. Nach tagelangem Wandern durch das Spiegellabyrinth findet Vasaria völlig ausgehungert aus dem Labyrinth hinaus.

Vor ihr steht ein großer Baum mit grünen Äpfeln. Vasaria zögert nicht lange und holt sich zwei herunter, um ihren Hunger zu stillen. Sie möchte diese genießen und setzt sich in die Wolkenwiese. Erst jetzt wird ihr klar, was sie geleistet hat und dass sie fest an sich selbst glauben muss, um eigene Entscheidungen treffen zu können. Dass es vor allem keine Fehlentscheidungen gibt, sie zu jeder stehen und sie es geschehen lassen muss. Vor lauter Erschöpfung fallen Vasaria die Augen zu und sie träumt von Freiheit.

Freiheit ist genau das, was sie sich für sich wünscht, schießt es Vasaria in den Kopf, nachdem sie wieder aufwacht. Welche Art von Freiheit möchte sie haben? Für sie ist klar, sie möchte frei entscheiden können, was sie will oder nicht. Von niemandem in die Enge treiben lassen, sich nicht für Andere verstellen, nur so sein, wie sie ist, die Freiheit, sich die Freunde aussuchen zu können und nicht wahllos jede Person zu akzeptieren und als Freund oder Freundin anzusehen, die ihren Weg kreuzt. Doch woher soll sie diese Freiheit bekommen? Sogleich fällt ihr ein, sie hat noch zwei Wünsche frei, sie überlegt, ob sie diesen dafür verwenden soll. Sie denkt ganz fest an die gute Fee, um ihren Wunsch bei ihr aussprechen zu können.

Ach, herrje, wer ist das? Auf jeden Fall nicht die große Fee Anabell. „Ich bin Neina, erschrecke nicht, aber bei diesem Wunsch, der Freiheit, werde ich dir dieses Mal helfen und werde ihn dir erfüllen, sobald es an der richtigen Zeit ist." Noch immer blickt Vasaria die Fee mit großen Augen an und muss erst zu sich kommen, um Neina etwas fragen zu können. „Wann wird es an der Zeit sein? Ich möchte nicht länger warten müssen. Ständig warte ich und nichts trifft ein." „Du musst dich gedulden, das ist auch eine Tugend, die du mit der Zeit erlernst. Dein Wille ist einer der größten Schlüssel zu dir selbst." Vasaria ist ganz still und nachdenklich geworden.

Es stimmt, was die Fee zu ihr sagt, und sie wird einiges nochmal überdenken. Vasaria bedankt sich und will ihre Geduld trainieren und sich an vielem, was das Leben zu bieten hat, erfreuen. Neina lächelt und wünscht ihr noch viel Geduld, ehe sie verschwindet. Lange Zeit bleibt Vasaria noch sitzen, bevor sie sich aufraffen kann und weiter ihren Lebensweg fortführt.

Die weichen Wolken unter ihren Füßen beflügeln sie und sie summt ein Lied vor sich hin. Nach langem Fußmarsch gelangt sie an ein riesiges Wolkenmeer. Uuuhhhhiii, da bewegt sich was, Vasaria kann natürlich kaum ihre Neugierde zügeln und geht dem Etwas entgegen. Es taucht ein Kopf auf und ruft: „Halloooooo", und schon ist es wieder unter Wasser. Wer war das denn? „Hallooooooo", hallt es ihr schon wieder entgegen, und sie hat dieses Etwas immer noch nicht richtig sehen können, aber diese Stimme. Ja, die Stimme, die kennt sie, kann sie jedoch nicht gleich zuordnen. Jetzt sieht sie einen Teil vom Kopf, das wird doch nicht Seepferdchen Walli sein, oder? Ja, es ist Walli, Vasaria ruft zu ihr hinüber, winkt und kann sich vor lauter Freude nicht zurückhalten. Sie rennt ins offene Meer und umarmt Wali aus tiefstem Herzen.

Sie haben sich viel zu erzählen und Walli wusste schon, dass Vasaria für einige Zeit ihre Hilfe benötigt. Während einem schönen Wolkenritt erzählt Vasaria ausführlich, was sie hierher geführt hat und was ihr die gute Fee Neina sagte. Walli hat auch dieses Mal ein offenes Ohr für sie und möchte Vasaria unterstützen, um dem Wunsch der Freiheit ein Stück näher zu kommen.

In einer Höhle angekommen, stellte Walli ihre Seeepferdchenfreunde vor. Das Kleinere heißt Ebitha und das Größere Udina. Zuerst weiß Vasaria nicht, wie sie die beiden einschätzen soll. Sie möchte weder auf ihren ersten Eindruck hören noch auf das, was ihr Kopf über die beiden ihr sagt. Walli erklärt den beiden, weshalb sie Vasaria mitbrachte, und die zwei sind begeistert, dabei eine Hilfe sein zu dürfen. Bevor dies funktionieren kann, setzt sich Vasaria zuerst mit Udina zusammen und fängt an, von sich zu erzählen. Auch ihre Zweifel ihr gegenüber legt sie dar. Udina reagiert mit viel Verständnis und hört geduldig zu. Vasaria ist froh sich geöffnet zu haben, vor allem was sie über Udina denkt und wie sie sich dabei fühlt. Vasaria merkt schnell, dass Udina ihr viel beibringen kann und ihr bestimmt auf einer gewissen Ebene Unterstützung geben kann. Sie einigen sich darauf, dass Vasaria auf sie zukommt, falls sie ein Gespräch mit ihr führen möchte.

Nach einem leckeren Mittagessen geht Vasaria auf Ebitha zu und sie führen ein gutes Gespräch. Bei ihr spürt sie, dass sie bei ihr nicht lange drum herumreden braucht und sie, wenn nötig, einen Schubs von ihr bekommt. Da war sie nun bei dem perfekten Trio angelangt: eine, die knallhart ist, die

Andere, die ziemlich zum Denken anregt, und ihre alte Freundin, die immer für sie da ist und der sie alles anvertrauen kann.

Früh am Morgen wird Vasaria von den dreien geweckt und zu einem dunklen Platz geführt. Vasaria reibt sich noch immer den Sand aus den Augen und weiß gar nicht so recht, was mit ihr geschieht. Links hinten blitzt etwas und wie schon so oft zuvor kann Vasaria sich nicht zurückhalten, tastet sich vorsichtig voran und bleibt vor einem Spiegel stehen. Auf diesem sitzt Nile unversehrt und lacht sie an: „Hallo, Vasaria! Stelle keine Fragen, es hat so kommen müssen, wie es gekommen ist, und nun habe ich für dich eine nächste Aufgabe, die du bewältigen sollst. Sieh bitte in den Spiegel und sage mir, was du siehst." Verwundert schaut sie in den Spiegel, sie kann nicht glauben, was sie sieht, sie würde am liebsten gar nichts sagen, aber dann würde sie sich selbst betrügen. Vasaria stockt noch, sie braucht viel Überwindung und spricht letztendlich: „Ich sehe nichts. Absolut nicht. Ich sehe mich selbst als ein Nichts momentan." „Das ist, was ich dir zeigen wollte. Mir ist bei unserer gemeinsamen Reise aufgefallen, dass du kein Selbstbild hast. Ich bin der Meinung, dass es nun an der Zeit ist, dir einen äußeren und inneren Rahmen zu geben. Wenn du dich bereit fühlst, dann trete in den Spiegel, und du wirst einiges entdecken. Ebitha, Walli und Udina warten schon auf der anderen Seite, sie werden dich dabei unterstützen und du wirst dich wieder finden."

Mit starkem Zweifel setzt Vasaria ihren ersten Fuß ins Nichts. Eine gewisse Kühle ergreift sie. „Gehe ruhig und vertraue mir, du kannst es, wenn du an dich glaubst", ermutigt Nile Vasaria. Zögerlich setzt sie den zweiten Fuß hinein. Die Kälte spürt sie nun am ganzen Körper, aber keine Haare, die in die Höhe schnellen. Es ist eine seltsame Kälte, die sie bald nicht mehr beschäftigt. In diesem Nichts stolpert sie über etwas, was ist das? „Ein Puzzleteil. Was soll das mit mir zu tun haben? Verstehe ich nicht", sagt Vasaria entgeistert zu den anderen. „Schau genau hin und du wirst sehen, es hat was mit dir zu tun", entgegnet ihr Walli. Und Udina meint: „Wenn du Fragen hast, stell sie uns. Versuche nicht alles alleine auszubrüten, wir könne dir einen Schritt vorwärts zeigen." Das Puzzleteil in ihrer Hand zeigt Farbe, endlich kann sie etwas auf dem Puzzleteil erblicken. Sie ist stolz auf sich, es ist ein Teil von einem Fuß. Als sie näher hinsieht, stellt sie fest, es ist nicht irgendein Fuß, sondern ihrer. Sie weiß immer noch nicht, was sie damit anfangen soll, und nimmt es mit. Es dauert nicht lange, bis sie über die nächsten Teile stolpert. Dieses Mal sind viele Puzzleteile auf einem Haufen, einige erkennt sie und kann sie ziemlich schnell zusammensetzen, doch einige Stellen, die ihren Körper zusammenbringen sollen, kann sie nicht identifizieren und einsetzen.

Vasaria kniet vor dem Puzzle und ohne dass sie es möchte, lösen sich Tränen in ihr, sie möchte nicht mehr hinsehen, will nicht mehr weitermachen. Ihr kann doch egal sein, ob sie es ist oder nicht. Keiner von den Seepferdchen tröstet sie, Udina sagt stattdessen zu ihr: „Hebe deinen Kopf, schaue was anderes an, denke kurz an was anderes und dann konzentriere dich auf dich, du wirst es schaffen, gib dich nicht einfach auf. Wo ist dein Wille geblieben? Du hast schon so vieles geschafft, dann wirst du auch dieses hier packen, selbst wenn es länger dauert, als du es dir erwünschst. Lass dir so viel Zeit, wie du brauchst, und gehe langsam an die Sache heran." Vasaria nimmt ohne Widerworte alles in sich auf und braucht einige Minuten, bis sie sich für sich entscheidet.

Tage vergehen, bis Vasaria die letzten Teile einfügen kann. Sie freut sich und sagt: „Jetzt habe ich es geschafft, ich bin ich, egal wie mich die anderen Leute sehen. Ich habe meine eigene Identität, egal was kommen mag ..." Sie hat den Satz noch nicht ganz ausgesprochen, da kommen lauter kleine

Eiskristalle und fegen Puzzlestücke weg. Es geht so schnell, dass sie es gar nicht verstehen kann und plötzlich ganz alleine da steht. Selbst Walli, Udina und Ebitha sind verschwunden. Nur von weit hinten kommt Nile auf sie zugeflogen. „So, das wird nun ein großer Schritt, den du gehen sollst. Du kannst nur aus dieser Welt kommen, wenn du weißt, wie dein Spiegelbild aussieht. Erscheint es, kannst du durch dieses hindurchgehen und du wirst wieder in deiner Heimat sein." Nach diesen Worten entfernt sich Nile, verschwindet im Nichts.

Vasaria steht allein, traurig beängstigt in der Kälte. Am liebsten würde sie sich von dem Spiegel abwenden und sich nicht mehr mit sich selbst auseinandersetzen. Sie schließt die Augen und sieht, was sie alles gern noch erreichen möchte, und erinnert sich an Antschu. Sie packt ihren ganzen Mut zusammen, öffnet die Augen und beginnt sich von der Zehe bis zum Kopf zu beschreiben. Immer deutlicher wird das Spiegelbild. Ja, das ist sie und so will sie sich nun auch immer sehen und zu sich stehen.

Als sie dies laut ausgesprochen hat, kann nun Vasaria Wärme um sich spüren und der Spiegel fängt zu leuchten an. Mit wackeligen Knien steigt sie in den Spiegel und befindet sich in ihrem Zuhause, in dem sie sich schnell wieder zurechtfindet. Immer wenn sie der Alltag einholt, ruft sie sich ins Gedächtnis, was sie bei ihrer letzten Erlebnisreise gelernt hat.

Nur eine Frage liegt in der Luft: Wann werden sich ihre Wünsche erfüllen?

**Teil V**

**Dürre des Lebens**

Zuhause ist Vasaria immer in Gedanken bei dem, was sie erlebt und gelernt hat. Genauso kann sie noch nicht von den verschiedenen Orten loslassen. Der Aufenthalt auf den Wolken war interessant und hat etwas Weiches und Warmes. Sie möchte diesen Ort bald wiedersehen.

Es dauert nicht lange, bis Vasaria die Wanderlust packt und sie sich auf den Weg zum Wolkenmeer macht. Neue Gedanken und mehr zu sich selbst will sie finden. Für Vasaria ist es kein beschwerlicher Weg, da sie ihn nun ohne Spiegel durchlaufen kann.

Am Wolkenmeer angelangt, genießt sie den Ausblick. Wie die Wolken im Wind spielen, kann Vasaria nicht lang widerstehen und springt hinein. Es gibt ihr ein ganz anderes Gefühl, es ist nicht wie in einem richtigen Ozean. Die Wolken streicheln ihre Haut und umschließen sie mit einer zarten Geborgenheit. Vasaria taucht ab und merkt gleich, sie kann weiter atmen. Somit steht gleich für sie fest, sie möchte diese Unterwolkenwelt erkunden. Schneller als erwartet ist Vasaria wieder in ein neues Abenteuer verwickelt. Auch hier gibt es Fische, die jedoch etwas seltsam aussehen. Sie gleichen den Wolken, nur bunter und kleiner. Wie verrückt! Alles hier ist aus Wolken, trotzdem ähnelt es der Unterwasserwelt ihrer Heimat.

Die Wolken tragen Vasaria immer weiter, bis sie an einer Anemone ankommt. Diese strahlt viel Wärme aus, von der Vasaria magisch angezogen wird. Vasaria nähert sich vorsichtig der Anemone, tippt diese vorsichtig an und hofft nicht abgewiesen zu werden. Die Anemone schaut sie schüchtern an. Beide wissen nicht genau, was sie sagen sollen. Vor Verlegenheit schenkt Vasaria ihr ein Lächeln, das von der Anemone erwidert wird. „Ha...aa...ll...loo. Ich bin Vasaria und bin aus Neugierde hier in der Unterwolkenwelt. Wer bist du? Würde gerne mehr über dich erfahren. Wenn ich darf?" Die Anemone lächelt noch immer und antwortet etwas unsicher: „Ich bin eine Anemone, mein Name ist Sina." Beide lächeln sich an und sie merken, es ist eine Magie zwischen ihnen.

Nach Minuten des Schweigens lädt Sina Vasaria ein, um ihr einen Aussichtsplatz zu zeigen. Sie nimmt Vasaria an die Hand und führt sie dorthin. Viele verschnörkelte Wolkenpflanzen, die einem mit ihrer Farbenpracht den Atem rauben, umgeben sie. Sie lassen sich auf einem Hügel nieder und führen ein ausgelassenes Gespräch, bis sie in den Kosmos ihrer inneren Bewegtheit gelangen. Sie sehen sich lange schweigend an. Hin und wieder schenken sie sich gegenseitig ein Lächeln. Sie merken nicht, dass sie von einigen Fischen mit einem schmunzelnden Gesicht beobachtet werden.

Vasaria hat nicht genügend Mut, um Sina all das zu sagen, was sie bewegt. Sina wagt es nach langem Schweigen, ihre Gedanken zu offenbaren. Sie stammelt vor sich hin und bekommt keinen richtigen Satz heraus. „Ich … ähm …, ich … weiß du, ich … kann dich ähm …", Sina lächelt, „ganz gut leiden und ich weiß nicht, mmmhhh, ob du auch so empfindest." Eine Röte steigt in Sinas Gesicht. Selbst Vasaria bleibt nicht von diesem wunderschönen Rot verschont und ihre Ausdrucksweise ist ebenfalls nicht sehr verständlich. „Ähm …, ich, äh, ja." Doch Sina weiß genau, was Vasaria sagen möchte, und mit zögernder Bewegung ergreift sie mit ihrem großen weichen Blattwerk ihre Hände. Wie wundervoll sie sich doch anfühlen, denkt sich Vasaria. Sie strahlt und fühlt ich so glücklich.

Stunden und Tage vergehen, in denen die zwei Verliebten sich gegenseitig Schutz und Geborgenheit geben. Eines Tages beschließen sie, das Wolkenmeer zu verlassen und sich noch viel Neues anzusehen. Sie gehen in die Weite hinaus und gelangen nach langer Reise an einen Wasserfall. Sina ist überwältigt und springt einfach hinein. Vasaria sieht sie nicht mehr und schaut, wo Sina gleich auftauchen wird. Es tut sich nichts. Sina taucht nicht auf, sie ist anscheinend untergegangen. Langsam steigt Panik in ihr auf sie ruft Sinas Namen und nachdem sie sich immer noch nicht meldet, taucht sie nach ihr. Sie kann noch so oft runtertauchen und nach ihr suchen, aber sie findet sie nicht. Sina ist spurlos verschwunden. Traurig gibt Vasaria nach einem Tag der Suche auf. Sie weint, sie weiß nicht, was sie tun und denken soll. Verwirrung erfüllt sie. Plötzlich überkommt sie ein Gefühl des Alleinseins und ein Gedanke: ‚Sie wird doch nicht tot sein?' Vasaria will nicht an dem Ort des

Geschehens weiter verweilen. Sie rafft sich auf und wandert wieder alleine los.

Das Gefühl des Verlassen-Seins erdrückt Vasaria förmlich. Sie läuft vor sich hin, ohne direkt zu sehen, welchen Weg sie nimmt. Als dieser immer beschwerlicher wird, blickt sie doch einmal auf. Dunkelheit umgibt sie, aber sie kann genügend sehen. Große rote Berge ragen um sie herum in die Höhe, die das Tageslicht verdunkeln. An dem ersten angelangt, versucht sie ihn zu besteigen. Viele Steine liegen am Boden, die ihr den Aufstieg erschweren. Diese Steine zwingen sie öfters zu Boden. Immer wieder tritt sie einen Stein fest mit dem Fuß weg, um ihrer Wut freien Lauf zu lassen. Es haben sich viel zu viele Gefühle in ihr angestaut und diese kann sie nicht bewältigen. Über ihr schmutziges Gesicht kullern dicke Tränen. Sie gibt nicht auf, stapft weiter, bis sie oben angelangt ist.

Vor ihr befindet sich eine tiefe Schlucht. ‚Einen Schritt noch, dann setze ich für alles ein Ende', geht ihr durch den Kopf Sie zögert. Als sie einen Schritt vorangehen will, erscheint ein heller Streifen am Horizont. Vasaria blickt hinein und kann nicht glauben, was sie sieht. Es ist Sina mit Nile. Nile richtet sich mit sanften Worten an Vasaria: „Eure Beziehung steht in Frage. Sina ist verschwunden, um alles zu überdenken, was sie für dich empfindet und was sie will. Du bekommst ebenfalls die Chance, über vieles nachzudenken." Nile schenkt Vasaria ein Lächeln und die nächste Wolke verschlingt die beiden.

Alleine und traurig steht Vasaria noch immer vor der Schlucht. Nein, dort runter will sie jetzt nicht mehr, sie hat ein Lebenszeichen von Sina und es besteht noch die Möglichkeit für eine gemeinsame Zukunft. Sie blickt um sich, kennt sich nicht aus und lässt sich erst mal auf den Boden nieder. Erleichtert darüber, Sina gesehen zu haben, ist sie dennoch deprimiert. All ihre Gefühle gegenüber Sina sind nicht verloren gegangen. Sie wurden nur unterdrückt durch den wohltuenden Ort und durch das Gefühl der Gemeinsamkeit. Diese Gefühle müssen doch erreichbar sein, aber wie?

Hilflos umarmt sie ihre Beine, schaukelt sich hin und her, bis sie sich ein wenig beruhigt hat. Trotzdem kreisen die Gedanken, sie sind richtig aufdringlich. Am liebsten wäre es ihr, sie hätte diese Reise niemals angetreten. Jedoch was geschehen ist, ist nun einmal geschehen. Sie will es jedoch nicht wahrhaben. Die Schmerzen in ihr werden stärker, sie will sie unterdrücken, einfach nicht mehr spüren. Auslöschen! Das letzte Wort hallt noch länger in ihrem Kopf nach. Inzwischen hat Vasaria ihren Kopf zwischen die Beine genommen, in der Hoffnung, dass die Stimmen leiser werden.

„Vasaria, Vasaria", ertönt es aus der Ferne. Erst etwas später nimmt Vasaria die Stimme wahr. Sie spürt, es ist jemand Vertrautes, doch diese Stimme hat sie noch nie so deutlich gehört. Sie hat auch immer die Anwesenheit gespürt, sie gibt ihr Schutz. Lauschend blickt Vasaria vor sich hin. Ganz hinten am Horizont, wo die Sonne langsam untergeht, kommt ihr die Elfe Haseha entgegen. Vasaria braucht nicht nach dem Namen fragen, sie spürt es und weiß ihn gleich. Beide schauen sich vertraut an und Haseha bricht als Erste das Schweigen: „Solche Gedanken helfen dir nicht weiter. Ich weiß, sie sind schwer zu stoppen. Nur darüber nachdenken, bringt auch nichts. Du musst handeln! Willst du das überhaupt?" Vasaria schaut mit leerem Blick in die Weite und antwortet: „Ein Teil von mir will handeln und der andere Teil wehrt sich dagegen. Was ich will, weiß ich nicht mehr. Gefangen in einer Wüste, in der ich nicht rausfinde." Haseha bleibt ernst. Von den traurigen Augen lässt sie sich nicht erweichen. Haseha nimmt sie an die Hand und just in dieser Sekunde befinden sie sich in der Wüste.

Mit großen Augen sieht Vasaria Haseha an, die zu ihr spricht. „Ich habe dich nun hier hergebracht, um dich deinen Grenzen zu stellen. Es gibt einen Weg nach draußen und du kannst ihn finden. Du musst an dich glauben, darfst nicht aufgeben. Blicke nach vorne, nicht zurück. Langsam und mit Bedacht, einen Schritt nach den anderen setzen. Ich werde dich ein Stück begleiten, kann dich unterstützen, aber helfen kannst du dir nur selbst. Ich glaube an dich und ich werde dich nicht so einfach aufgeben. Du kannst auf mich zählen. Selbst wenn ich nicht sichtbar bin, bin ich anwesend." Vasaria, die ihren Blick immer noch nicht verändert hat, seufzt und versucht mit zaghafter Stimme etwas von sich zu geben. „Ich … fühle mich … mmmhhh … trotzdem so verlassen. Du wirst mich ebenfalls verlassen, denn niemand kommt mit mir klar. Ich selbst mag nicht mit mir leben und das Leben weiterführen." „Psssst! Ruh dich aus, erwache am Morgen und versuche die Welt mit anderen Augen zu sehen. Gib dir und mir eine Chance, lass es uns versuchen. Ändert sich nichts, kannst du immer noch deine Schlüsse daraus ziehen." Vasaria fängt an ein Loch zu graben, welches ihr Schutz beim Schlafen gewähren soll. Haseha bleibt noch, bis Vasaria eingeschlafen ist.

In dieser Nacht schläft Vasaria sehr unruhig und wacht mit Sand bedeckt auf. Zuerst will sie schimpfen, doch dann huscht ihr ein kleines Lächeln über die Lippen. Obwohl sie dies gar nicht möchte und sich nicht danach fühlt. Mit wenig Lust wandert sie planlos kreuz und quer durch die Wüste. Mit tobenden Gedanken versucht sie sich zurechtzufinden. Der Sand zwingt sie in die Knie und Vasaria steht jedes Mal auf, es wird nicht leichter und sie kommt nur zögerlich voran. Anscheinend ist in ihr noch ein Fünkchen Hoffnung, da sie verbissen weitermarschiert. Es ist eine harte Prüfung, die noch länger andauern wird, die Hitze zehrt an ihr. Anstatt weiter ihren grausamen Gedanken zu folgen, drängt sich nun in ihre Gedanken, etwas Kühles trinken zu können, und sie denkt an Wasser, womit sie sich ihr Gesicht erfrischen kann. In diesem Moment meldet sich Haseha: „Du siehst, durch einfache Bedürfnisse kannst du deine negativen Gedanken mal vergessen. Wie willst du nun die Bedürfnisse stillen?" Vasaria: „Ich gebe nicht auf, habe jetzt eine Durststrecke, aber ich weiß, ich werde eine Lösung dafür finden." Haseha bestärkt Vasaria in ihrem Vorhaben.

Nach einigen Metern hat sie eine Idee. Sie setzt sich in den Sand und meditiert sich an einen sicheren Ort. An diesem spürt sie Ruhe und Inspiration. Nachdem Vasaria genügend neue Energie getankt hat, geht es weiter. Es fällt ihr leichter, durch den Sand zu stapfen. An einigen Stellen entdeckt sie Knochen und sie kann irgendwie nicht verstehen warum. Fast ausgetrocknet entdeckt sie einen Schimmer. Was ist das? Es ist klar, die Neugierde ist geweckt und mit schnellem Schritt geht sie darauf zu.

Mit weit geöffneten Augen und Mund schaut sie sich um. Sie kann es nicht fassen. Ein Kniff in ihr Bein und es ist immer noch alles da. Eine Oase! Vasaria eilt der Oase entgegen, springt gleich ins Wasser. So wohl hat sie sich schon lange nicht mehr gefühlt. Es ist Süßwasser und Vasaria kann sofort ihren Durst stillen. Ausgiebig bleibt sie im Wasser, bis sie sich frisch genug fühlt. Danach holt sie sich von der Palme genügend Bananen, um ihren knurrenden Magen friedlich zu stimmen.

Als Vasaria sich mit vollem Bauch unter die Palme legt, taucht Haseha auf, die mit ruhiger Stimme verkündet: „Eine Hürde hast zu bewältigt, jetzt wäre es nochmal Zeit, das zu öffnen, was in dir los ist. Deine Gefühle benennen, anschauen und fühlen können." Vasaria verdreht die Augen, jedoch will sie es versuchen, da sie Haseha mittlerweile vertraut. „Habe keine Angst, ich helfe dir. Zuerst begebe ich mich in dich hinein und werde versuchen alle Gefühle, die dich stark beherrschen, in mir aufzunehmen. Und wenn das geschehen ist, bringe ich sie dir." Ein Nicken von Vasaria gibt Haseha die Zustimmung. In dem Moment zerfällt Haseha in viele kleine Leuchtkugeln und verschwinden in Vasarias Körper.

Die Zeit vergeht. Vasaria wird es langweilig und sie lässt den Sand durch ihre Finger auf den Boden rieseln. Kurz darauf pufft es und Haseha hat überall kleine Blasen bei sich. „Was ist das? Woher hast du das? Das war doch nicht wirklich in mir drin, oder?", fragt Vasaria irritiert. „Das sind Teile deiner Gefühle, ich habe sie eingeschlossen, da du mit ihnen sehr behutsam umgehen musst. Wir werden eine nach der anderen anschauen. Ganz sachte, in dem Tempo, das du angibst. Es ist wichtig, das Schweigen in dir zu brechen und dich einen Schritt näher an deine Gefühle und Gedanken heranzubringen."

Haseha lässt Vasaria sich kurz sammeln und fragt: „Nun, ich lasse es dir offen. Mit welcher Blase möchtest du beginnen?" Vasaria verzieht das Gesicht, schweigt und entscheidet sich für die Blase mit dem schwarzen Herzen. „Warum hast du diese gewählt und was verbindest du damit?" Vasaria spricht, ohne lange nachdenken zu müssen: „Diese habe ich ausgesucht, weil es mich momentan definiert. Empfinde nur Kälte, bin erstarrt, kann keine Liebe geben. Das Herz ist zu sehr verletzt worden, es kann nicht in seiner Farbenpracht strahlen." Vasaria umschlingt die Beine und schaukelt sich hin und her.

Nach ein paar Minuten des Schweigens bricht Haseha die Stille: „Es ist alles offen im Leben, du wählst es selbst, wie es kommt. Ich kann dir Vorschläge bringen, jedoch sollst du wählen und die Bereitschaft mitbringen." Inzwischen hat Vasaria mit dem Schaukeln aufgehört und murmelt leise: „Ich will was ändern und ich habe eine Idee, die mich eventuell mit mehr Lichtblick durchs Leben gehen lässt. Ich möchte mich nochmals auf den Weg zu meinem Herzen begeben. Würde mir sehr wünschen, dass du mich dabei unterstützt. Habe alleine zu große Angst." Haseha lächelt und spricht: „Ich werde dich so lange unterstützen, bis du nicht mehr meine Hilfe benötigst." „Dann wollen wir mal losgehen."

## Teil VI
## Lichtblicke

Nach langem Wandern durch Wüsten, hohe Berge und tobendes Meer gelangen Vasaria und Haseha an dem Hügel über dem Meer bei ihrem schwarzen Herzen an. Vasaria hat Angst und weiß nicht so ganz, ob sie es weiter wagen kann. Haseha ermutigt sie und beide wollen gemeinsam hineingehen, jedoch ein Franfrelone taucht vor ihnen auf. Dies ist der Kopfgeist Romka. Romka attackiert Vasaria: „Du kannst es nicht. Du schaffst es nicht. Du kommst nie an dich selbst ran. Dein eigenes Glück wirst du nie finden. Warum machst du das? Wird dir dies überhaupt was bringen? Was willst du in deinem Leben vollbringen? Warum bist du hier? …" Romka redet, ohne Luft zu holen, weiter und weiter.

Haseha schaut nur zu und hält sich zurück, während Vasaria immer kleiner wird und ihre Gedanken sie förmlich zerfressen. ‚Ich bin nichts wert. Ich bringe nichts zu Stande. Der Franfrelone hat schon Recht. Wer bin ich und was bilde ich mir ein? Habe kein Recht auf Glück und ein frohes Leben. Bin der Abschaum dieser Welt …' Anstatt sich für sich einzusetzen, gibt sie Romka Recht und stürzt sich in das tobende Meer.

Haseha folgt ihr, so schnell sie kann. Damit hat sie nicht gerechnet, dass Vasaria so reagiert. In einer tiefen, dunklen Unterseehöhle mit spitzen Steinen findet sie sie auf. „Das ist ein großer Rückschritt für dich, ich kann es nicht ganz verstehen, Was ist los?" „Er hat genau meine wunden Punkte getroffen. Ich wollte wirklich was verändern, aber Romka. Ich hoffe, er wird mich nie wieder heimsuchen. Ich will nicht mehr und ich kann nicht mehr. Was soll ich bloß noch tun?" Vasaria verzieht sich noch mehr in die Höhle und deckt sich mit einigen spitzen Steinen zu. „Du weißt nie, ob er dich noch einmal treffen wird, aber du darfst nicht aufgeben. Du solltest am besten für das nächste Treffen gewappnet sein. Glaube wieder an dich, stärke dich und du wirst deinen Weg verfolgen können. Was du dazu tun kannst, ist, vertraue mir und lass Hilfe zu. Wir werden sie dir geben!"

Nach langem Zögern fragt Vasaria: „Wie, ihr?" „Lass nur, du wirst noch früh genug sehen, wer er ist. Schlafe, lasse deine Gedanken zur Ruhe kommen und wir werden uns morgen in der Früh wiedersehen." Vasaria seufzt, schließt ihre Augen und versucht nun doch zu schlafen.

Nach einem unruhigen Schlaf liegt Vasaria noch immer zusammengekrümmt mit verschlafenen Augen am Boden von Steinen bedeckt, als Haseha mit etwas Winzigem zu ihr herantritt. Ihre Augen werden größer, um sehen zu können, was es ist. Ein kleiner Seewurm, der sich mit einem süßen Lächeln mit dem Namen Nenas vorstellt. Vasaria kann nicht widerstehen und schenkt dem Kleinen ein Lächeln zurück. Von erstem

Augenblick an empfindet sie eine gewisse Vertrautheit, welche ihr hilft, Nenas näher an sich heranzulassen.

Nenas robbt sich zu ihr, reich ihr die Hand, welche Vasaria ohne Zögern nimmt. Er führt sie langsam aus der Höhle und will ihr sein einfaches Leben zeigen. Haseha macht sich unsichtbar, bleibt jedoch stets in der Nähe der beiden.

Ohne viel Kommunikation verstehen sich Nenas und Vasaria blendend, sie schwimmen durch das große tiefblaue Meer. Nach einer Weile fängt Nenas an in den Sandgrund einzutauchen und quietsch erfreut. Vasaria beobachtet dies mit etwas Skepsis und erst als Nenas ihre Hand ergreift und sie mitzieht, versucht sie es auch wie er zu tun. Nach drei Versuchen fängt es an ihr sichtlich Spaß und Freude zu bereiten. Die zwei tauchen mit verschiedenen Rhythmen ein und raus. Nachdem sie ein Stück hinter sich gebracht haben, beginnt Vasaria eine

Sandschlacht. Sie toben, lachen, bis sie sich müde auf den weichen, welligen Grund niederlassen. Vasaria kann es nicht fassen, heute hatte sie die ganze Zeit keine quälenden Gedanken in sich. Zufrieden mit sich selbst schläft sie neben Nenas ein.

Am nächsten Morgen begrüßt Nenas Vasaria mit einem strahlenden Gesicht. „Es ist ein wunderschöner Tag, um dir heute noch mehr von meinem Leben zu zeigen. Komm, stehe auf und schauen wir mal, wo es uns hinführt." Vasaria freut sich wieder einen Tag mit Nenas verbringen zu dürfen, springt auf und blickt Nenas mit neugierigem Blick an.

Sie lassen sich von den Wellen tragen, währenddessen entsteht ein Gefühl der Schwerelosigkeit und Freiheit in Vasaria. Sie fühlt sich wohl und versteht es nicht, wie schnell sich ihre Gefühle sowie ihre Gedanken ändern können. Wo sind ihre destruktiven Gedanken hin? Sie horcht in sich hinein, ganz weit entfernt hört sie die Stimmen der Dunkelheit. Sie sind nicht verschwunden, aber zumindest leiser geworden und nehmen nicht ihr Leben ein.

Nenas stupst sie an und holt Vasaria aus ihren Gedanken. Er lächelt und fordert sie nun zum Versteckspiel auf. Als Verstecke dienen Algen, Muscheln, Höhlen und Anemonen, die Vasaria an Sina erinnern. Sie denkt an die schöne Zeit mit ihr, wie sie zum Aussichtsplatz eingeladen wurde, zum Wasserfall wanderte mit Sina und wie glücklich und zufrieden sie doch waren. Sie spürt jetzt, dass die Zeit reif ist, sich mit dem Thema Sina auseinanderzusetzen. Sie kann es nicht länger verdrängen. Sei vertraut sich Nenas an, dass sie ihre eigene Weg wieder gehen muss, um ohne fremde Hilfe voranzukommen. Nenas akzeptiert es und verabschiedet sich mit einem glitschigen Kuss.

Vasaria sucht sich eine Muschel, in der sie sich zurückzieht und ihre Gedanken über Sina weiterführt, wie in eine Waagschale, in die sie sich selbst legt und in die andere Sina. Mit diesem rationalen Versuch kommt sie jedoch nicht weit und so wagt sie sich an die emotionale Basis heran. Es schmerzt in ihr und am liebsten würde sie es dem Schicksal überlassen, was mit Sina und ihr geschieht, doch ein Blick hinüber zu Nenas, der noch nicht weit gekommen ist und im Sand sich voranwühlt, reicht, um sie genügend zu motivieren. Nach langem Gefühlschaos beschließt sie ihre Gedanken und Gefühle auf eine Alge zu schreiben und diese mit einer Flaschenpost an Sina zu versenden.

Während sie den Brief schreibt, wird ihr bewusst, wie sehr sie durch das Verschwinden von Sina verletzt ist, und sie beschließt, Sina gehen zu lassen. Allein um ihren eigenen Frieden zu finden. Es tut ihr dennoch im Herzen weh, als sie die Alge in eine Flasche steckt und sie in den

Meeresstrom legt. Mit traurigem Blick und Erleichterung schaut sie der Flasche hinterher.

Schleppend kehrt sie zu der Muschel zurück. Nenas, der nie wirklich gegangen ist, robbt zu Vasaria. Nach einigen Versuchen, sie wieder aufzuheitern, gelingt ihm dies mit Grimmassen. In einer ruhigen Minute wendet er sich an sie: „Nun können wir weiter, es ist ein schwerer Teil erledigt, aber du musst dich genauso noch an das Tiefste in dir voranarbeiten. Das heißt, du musst nochmal zum Herzen und das erledigen, was letztes Mal nicht getan wurde. Ich helfe dir immer wieder gerne, aber diese Schritte am Herzen, die kannst nur du selbst bewältigen." Vasaria nickt, sie versteht es, dennoch ist ihr nicht wohl dabei. Allein schon der Gedanke an das Herz! Nenas schnappt sich Vasarias Hand: „Nun gut. Komm, wir sind nicht weit entfernt." Vasaria zittert am ganzen Körper, sie möchte lieber abtauchen und sich in der schützenden

Höhle verstecken. Doch Nenas lässt es nicht zu und ermuntert sie sich nicht aufzugeben.

An dem Herzen angelangt, verabschiedet sich Nenas dieses Mal wirklich. Es fällt ihr nicht leicht, ihn gehen zu lassen, und sie blickt ihm traurig nach. Sie steht vor dem großen Herz, mit dem sie doch eigentlich nichts zu tun haben möchte, und jetzt soll sie das auch noch alleine durchstehen. Wie soll das nur gehen? Vasaria senkt ihren Blick. Eine warme Hand berührt ihre Schultern. Vasaria dreht sich um und Haseha steht vor ihr. Langsam scheint ihre Angst etwas kleiner zu werden.

**Teil VII**

**Schwere Zeiten**

Haseha und Vasaria betrachten das Herz. Haseha ist die Erste, die voranschreitet. „Was ist mit dir? Komm doch!" „Ich kann nicht. Es ändert sich nichts. Es wird sich nie was ändern!" „Betrachte das Herz genau und sage mir, was du siehst." „Ich sehe immer noch das schwarze Herz und es wird immer schwarz bleiben." „Probiere wenigstens mit hineinzukommen und schaue, was du drinnen erblickst." Schleppend folgt Vasaria Haseha. Erstaunt erblickt Vasaria eine rote Stelle im Herzen und strahlt: „Sieh nur, da ist es rot!" „Das ist eine Veränderung, die du vollbracht hast, und du kannst es zu Stande bringen, mehr mit diesem Rot zu füllen. Glaube an dich!" „Ich werde es in Angriff nehmen und mir Mühe geben. Ich bin jetzt so weit gekommen, dann werde ich es schon schaffen." Vasaria lächelt Haseha an, nimmt ihre Hand und führt diese zu dem roten Fleck.

Haseha beginnt wieder: „Dieses soll dir Mut geben, dass du dein Herz in vollster Pracht erstrahlen lassen kannst." „Wie, alleine? Ich dachte du hilfst mir weiter und lässt mich nicht im Stich." Vasaria ist den Tränen nahe. Haseha tritt an Vasaria heran und meint: „Ich dachte auch, dass ich dich weiter begleiten kann, jedoch gibt es ein neues Mädchen, das meine Hilfe benötigt. Aber ich werde dich nicht ganz alleine lassen, bin trotzdem immer für dich erreichbar, wenn du mich brauchst." „Kann ich dir glauben? Denn jeder, der mich verlässt, verlässt mich auf ewig. Ich werde wieder ganz alleine sein und nichts auf die Beine bekommen." „Nein. Du bist nicht alleine. Es ist einfach nun die richtige Zeit zu gehen, so dass du lernst auf eigenen Beinen zu stehen. Ich werde dich nicht vergessen und dich niemals ganz im Stich lassen. Glaube an dich und schaue mit Zuversicht in die Zukunft." Vasaria kann sich nicht mehr zurückhalten und fängt doch zu weinen an. Haseha drückt sie zum letzten Mal und lässt Vasaria alleine in ihrem Herzen.

Wie soll sie das alles bewältigen, das Herz ist so groß und der Glaube an sich fehlt ihr. Vasaria blickt ihr Herz an und kann diesen Ort nicht mehr aushalten. Sie läuft so schnell, wie sei nur kann, ohne darauf zu achten, wohin sie überhaupt läuft. Vor lauter Tränen und Gedankenlosigkeit bemerkt sie nicht, dass langsam um sie herum alles schwarz wird. Vasaria hört erst zu laufen auf, als sie gegen etwas Klapperndes stößt und ihr eine tiefe Stimme entgegenkommt: „Hey, kannst du nicht aufpassen." Mit großen erschrockenen Augen blickt Vasaria ins Dunkle. Aus welcher Richtung kommt der Satz? „Was möchtest du von mir, Vasaria?" Mit zitternder Stimme versucht sie eine Antwort zu geben: „Ich, ich weiß nicht! Woher wissen Sie meinen Namen? Wo sind Sie? Ich kann Sie nicht sehen!" Während der Herr mit kräftiger Stimme spricht, zündet er eine Kerze an, die Vasaria einen Umriss von ihrem Gegenüber gewährt. „Ich kenne alle mit ihren Namen." Der Umriss zeigt einen schmächtigen, großen Mann mit einem Kapuzenumhang. „Ich habe mich noch nicht vorgestellt", er dreht sich um, „mein Name ist TOD." Vasaria versteinert, sie kann es nicht glauben, was oder wen sie vor sich hat. Ein grinsendes Skelett starrt sie an und in seiner rechten Hand hält er die berühmt-berüchtigte Sense.

Obwohl sie im ersten Moment erschrocken und mit Ehrfurcht vor ihm steht, hat sie keine Angst vor ihm. Sie kann sogar etwas Freude in sich spüren. „Du hast mich gerufen und ich möchte gerne wissen, was du von mir willst." „Wie, ich habe Sie gerufen?! Das habe ich gar nicht!" „Doch! Tief in dir wolltest du zu mir, sonst hättest du den Weg niemals zu mir gefunden."

Vasaria denkt nach und ihr wird klar, dass sie auf den Tod treffen wollt, denn was hat sie schon Großartiges geleistet und immer wieder macht sie alles falsch, sie ist einfach nicht für das Leben gemacht. „Sie haben Recht", stimmt sie ihm zu, „ich ersehne mir den Tod." „Keiner geht früher, ehe nicht seine Uhr abgelaufen ist. Auch deine ist noch nicht so weit. Das ist erst, wenn das letzte Sandkorn in die untere Hälfte der Sanduhr rieselt." Vasaria bekommt einen Kloß im Hals und würde am liebsten schon wieder anfangen zu heulen. „Warum nur? Ich kann so nicht mehr weiterleben. Bitte lassen Sie den Sand doch schneller fließen und nehmen mich mit." „NEIN!!! Du wirst vorwärtskommen." „Warum bin ich dann überhaupt hier, wenn Sie mich nicht mitnehmen wollen?" „Darauf gebe ich dir keine Antwort. Du wirst es wissen, wenn es geschieht. Ich überlasse dich deinem Leben. Finde deinen Lebensmut und wir werden uns sehen, wenn die Zeit für dich gekommen ist." Daraufhin schwebt der Tod in die Dunkelheit.

Vasaria steht noch immer da und ihre leblosen Augen füllen sich mit klaren Tränen. ‚Ergreife eine Träne und sie wird dir den Weg weisen', geht es ihr durch den Kopf, doch sie kann nicht. Sie ist zu sehr von ihrer Depression ergriffen. Sie will sich zuerst den ganzen Kummer von der Seele weinen und anschließend doch mit ihrer Zukunft auseinandersetzen.

Vasaria kann sich nicht beruhigen, ihre Gedanken werden immer schlimmer, sie will nur noch sterben. Nichts mehr hören, sehen und fühlen. Weinend schreitet sie voran, sie möchte den Tod nochmals finden und ihn bitten, sie doch mit zu sich zu nehmen. Es dauert nicht lange, bis Vasaria abermals an ein knöchernes Gerippe prallt. „Du schon wieder. Was willst du? Ich sage dir doch, dass ich dich nicht mitnehme." „Bitte, bitte, bitte, machen Sie doch eine Ausnahme", fleht Vasaria, „nehmen Sie mich mit, ich halte es nicht mehr aus. Können Sie nicht einfach unabsichtlich meine Lebensuhr zerstören?"

„NEIN!!!", donnert der TOD und Vasaria zuckt zusammen; aber sie lässt nicht locker und redet die ganze Zeit auf ihn ein. Der TOD schreit entnervt: „Halt deinen Mund! Ich nehme dich mit." Vasaria ist überglücklich, kann es nicht glauben. Sie bedankt sich unentwegt. TOD pfeift sein Pferd Serap heran. Beide setzen sich auf Serap, welcher sie in die Dunkelheit führt. Von dem angenehmen, gleichmäßigen Ritt schläft Vasaria ein und bekommt nicht mit, wohin der TOD mit ihr reitet.

Sie kommen in den Wäldern von Vasarias Heimat an. Als Serap abrupt stehen bleibt, wacht Vasaria auf und blickt um sich: „Wo sind wir? Sind wir bei Ihnen im Reich angekommen? Hätte mir dies ganz anders vorgestellt." Als sie genauer hinsieht, bemerkt sie, dass es die Wälder sind, die sie von klein auf kennt. Fragend schaut sie den TOD an. „Ich dachte mir, dass du dich hier wohlfühlst und wieder neue Lebenskraft tanken kannst. Ich sagte dir doch, dass deine

Zeit noch nicht gekommen ist. Steige herab, sonst muss ich mein anderes Ich zum Vorschein bringen." Ganz benommen steigt sie ab und kann nicht glauben, von dem TOD so hinters Licht geführt worden zu sein. Kaum war sie abgestiegen, reitet der TOD mit Serap davon.

Vasaria ist alles unreal. Sie setzt sich an einen Baum. Ihre Gedanken kreisen nochmals um alles, was sie hierher geführt hat. Zum Schluss denkt sie an die Menschen, die an sie glauben, und wünscht sich auch jetzt, nicht mehr alleine und hilflos zu sein. Sie schließt die Augen und Tränen lösen sich abermals. Vasaria hört nicht, wie Antschu angeflogen kommt. „Hey, warum so traurig?" Die Stimme erkennt Vasaria sofort. „Antschu!!! Wenn ich dich sehe, geht es mir gleich viel besser." „Was ist mit dir los? Ich spüre und sehe, dass es dir nicht gut geht." „Ach, Antschu. Ich möchte nur sterben, aber selbst der TOD möchte mich nicht mitnehmen. Er meint, meine Zeit sei noch nicht reif, und

dann hat er mich sogar reingelegt und mich hier im Wald abgesetzt. Ich solle neuen Lebensmut finde. Doch weiß ich nicht wie."
„Was lässt dich so sehr verzweifeln, dass du sogar den TOD vor dem Leben vorziehst? Hast du vergessen, wie viele Wesen an dich glauben und sicher sind, dass du in deinem Leben weiterkommst?" „Ich kann nicht mehr denken, und wenn, macht mein Kopf alles zunichte. Der Grund ist, mich hat Haseha im Stich gelassen. Sie ist der Meinung, ich würde alleine zurechtkommen und meinen Weg finden. Sogar mein Herz solle ich jetzt alleine mit dem schönsten Rot füllen können. Aber es ist komplett gescheitert und ich finde keinen Ausweg mehr. Ich bin total verzweifelt. Weiß nicht mehr ein noch aus. Was kann ich anderes tun, als um den TOD zu bitten?" Antschu überlegt nicht lange und nimmt Vasaria an der Hand. „Komm, ich werde dir ein wenig helfen; aber du musst wissen, ich bin nicht auf ewig bei dir und werde dich wieder dir selbst überlassen. Ich kann dich nur ein wenig dort hinführen."
„Das ist in Ordnung, solange du mir etwas

hilfst, das Licht zu sehen, und meine Hand nicht so schnell wieder loslässt." Antschu lächelt Vasaria an und genauso tut es Vasaria. Vasaria bemerkt, wie es ihr ein Stück besser geht, und drückt Antschus Hand fester.

Am Ende des Waldes gehen sie über eine lange Wiese und kommen an dem See der Elfen an. Alle sind vorhanden, mit denen sie vor langer Zeit viel Spaß hatte. Die Erinnerung tut Vasaria sichtlich gut und es braucht keine lange Überredungskunst von Antschu, mit den Elfen zu tollen. Im Wasser hält Vasaria Ausschau nach Nile, doch die scheint nicht hier zu sein.

Während Vasaria ihren Gedanken nachtgeht, taucht jemand vor ihr auf und spritzt sie an. Nachdem ihre Augen frei sind, sieht sie Nile lachend vor sich. Beide umarmen sich herzlich. „Was führt dich zu uns?" „Ich muss mein Leben wieder in den Griff bekommen, mich lieben lernen und Spaß haben an dem, was ich tue, und hinter mir stehen. Ich wollte alles aufgeben und konnte nicht mehr an die schönen Seiten des Lebens denken." „Hier wirst du einen Teil finden, da bin ich mir sicher. Grüble nicht weiter und versuche dich auf das hier alles einzulassen und genieße die Zeit mit uns."

Nach einer Weile verabschiedet sich Antschu und überlässt Vasaria sich selbst. Bevor die Dämmerung einbricht, verabschiedet sich auch Vasaria von den Elfen, sie möchte jetzt doch wieder ihren eigenen Weg finden und hat schon eine Idee, wo sie als Nächstes hin möchte.

Vasaria gefällt es, in der Dämmerung zu spazieren, sie genießt den Sonnenuntergang. Die Landschaft, die sich vor ihr erstreckt, erstrahlt in den schönsten Farben und Vasaria ist momentan mit ihren Gefühlen im Einklang. Nachdem die Sonne komplett untergegangen ist, sucht sie sich einen gemütlichen Platz, um neue Energien für den nächsten Tag aufzuladen.

Einige Tropfen wecken Vasaria am nächsten Morgen. Sie blickt in den Himmel und sieht dunkle Wolken aufziehen. Es sieht aus, als ob ein Gewitter kommen würde. Während sie die Tropfen beobachtet, kommt ihr der Gedanke, dass die Tropfen genauso wie ihre eigenen Tränen aussehen, die sie in der letzten Zeit vergossen hat. Dieses trübe Wetter drückt etwas auf ihre Laune und es fällt ihr sichtlich schwer, ihre Wanderung weiterzuführen.

Es dauert nicht lange, bis Antschu abermals auftaucht. Sie spricht Vasaria zu, dass sie sich nicht von einer Kleinigkeit aufhalten lassen soll. Jedoch muss sie alleine gehen, da Antschu nicht ihre Flügel vor größerem Regen schützen kann.

Kurz darauf geht Vasaria los und versucht etwas Positives aus dem Fußmarsch zu ziehen. Sie lauscht dem Regen, welche Töne dieser von sich gibt, wenn er aufprallt. In der Ferne macht sich der Donner bemerkbar und es zucken Blitze vom Himmel. ‚Welche Macht vom Himmel kommt', denkt sich Vasaria. Während sie das Wetter beobachtet, bemerkt sie, dass das Gewitter in eine andere Richtung zieht.

Nach einigen Stunden lässt auch der Regen langsam nach und die Sonne blinzelt ein wenig aus den Wolken hervor. Vasaria fragt sich, wie der Weg zu ihren Freunden, den Seepferdchen, war. Doch sie kann sich nicht erinnern. Was macht sie jetzt? Wieso kann sie sich nicht mehr erinnern? Durch die generell gedrückte Gefühlslage empfindet sie sich abermals hoffnungslos verloren. Sie legt sich auf den Boden und lässt ihren Tränen freien Lauf. Als sie sich auf den Rücken dreht, drückt sie etwas am Oberschenkel. Sie greift in ihre Hosentasche und zieht den vergessenen Zauberstein heraus. Schon lange hatte sie nicht mehr an ihn gedacht.

Aber jetzt ist es an der Zeit, ihn erneut zu gebrauchen. Sie nimmt ihn in die rechte Hand und wünscht sich Nile herbei. Kurz darauf kommt sie und setzt sich wie gewohnt auf Vasarias Schulter. „Weshalb hast du mich gerufen? Wir haben uns doch erst vor Kurzem gesehen." „Ich weiß; aber ich brauche nochmal deine Hilfe. Mir fällt absolut nicht mehr der Weg zu meinen Seepferdchen-Freunden ein. Kannst du mir bitte helfen!" „Kein Problem!" Und Nile pfeift die anderen Elfen herbei. Alle greifen Vasaria an sämtliche Stellen und mit kräftigen Flügelschlägen heben sie vom Boden ab und bringen sie an den gewünschten Ort.

Nachdem die Elfen Vasaria sanft vor dem Wolkenmeer absetzen, bedankt sich Vasaria recht herzlich und verabschiedet sich von ihnen. Alleine taucht Vasaria in das

Wolkenmeer und begibt sich auf die Suche nach Walli, Udina und Ebitha. Während sie sucht, betrachtet sie jede Einzelheit, die ihr das Meer zu bieten hat. Einiges kommt ihr bekannt vor und sie ist sich sicher, dass sie auf dem rechten Weg ist. ‚Noch zweimal links und an den Korallen vorbei, dann müsste ich da sein.' Vasaria kann es kaum erwarten und versucht ganz schnell voranzukommen.

Am rechten Ort angekommen, wird sie von einer Seeschnecke namens Urmel begrüßt. Vasaria kann Urmel gleich von Anfang an gut leiden. Vasaria begutachtet ihr schönes Schneckenhaus, welches die schönsten Erdtöne trägt. Vasaria bemerkt, wie wohl sich Urmel darin fühlt und somit eine angenehme Ruhe ausstrahlt. Urmel lässt es sich nicht nehmen und verwickelt Vasaria in ein Gespräch, bei dem die Zeit wie im Fluge vergeht.

Nach einer geraumen Zeit tauchen Walli und Ebitha auf, gefolgt von einem Seestern, der sich mit dem Namen Leata vorstellt. Dieser Seestern fängt auch gleich zu reden an und Vasaria kann sich kaum von seinen Lippen lösen. Vasaria denkt sich, dass sie bestimmt noch einige Lebensweisheiten mitnehmen kann. Höflich bittet Vasaria Leata um ein Gespräch zu zweit und entschuldigt sich bei den anderen. Hinter einer großen Koralle nehmen die beiden Platz und reden. Vasaria erzählt, was ihr Herz bedrückt und dass sie am liebsten nicht mehr sein möchte, da ihr alles über den Kopf wächst. Jedoch ganz öffnen kann sie sich nicht, zu groß ist die Mauer in ihr. Sie möchte nicht wieder verletzt werden. Leata bemerkt dies und kommt nicht allzu nah an Vasaria heran. Vasaria möchte sich gerne mehr öffnen können, doch in ihr stellt sich einiges quer.

Dieses Mal kann Vasaria nicht von dieser Zusammenkunft profitieren und Vasaria begibt sich nach einigen Tagen mit einem unguten Gefühl auf einen neuen Weg in ihre Welt. Sie glaubt, die Anderen enttäuscht zu haben, aber am meisten sich selbst, sie wollte neuen Lebensmut finden und endlich das Leben wieder bejahen können. Durch ihren Kopf strömen trübe Gedanken: ‚Nein, ich habe mir alles selber kaputt gemacht, ich bin allein, auf mich selbst gestellt, ich schaffe das alles nicht mehr, mir ist das Leben zu viel. Was soll ich nur tun?

Enttäuscht, mutlos und traurig schlendert sie weiter. Sie kann nicht wahrnehmen, was um sie herum geschieht. Tage und Wochen ohne jeglichen Hoffnungsschimmer. Eines Tages, als sie in die tiefsten Wälder von Galansee kommt, trifft sie auf zwei Bären. Der Größere heißt Sarlina und der Kleinere Tarja. Die drei verstehen sich auf Anhieb und wollen von nun an für immer zusammenbleiben. Gemeinsam besorgen sie sich Honig, führen intensivere Gespräche und teilen das Lied, welches jeden überschattet. Doch bald lernen die Bären zwei weitere Bären kennen und verlieben sich in diese. Tarjas Liebe zu Jorany wächst immer mehr und die beiden beschließen sich eine eigene Höhle zu suchen.

Von nun an sind Vasaria, Sarlina und ihr Freund Chramsas alleine. Anfangs freute sich Vasaria sehr für Sarlina, doch immer mehr fühlt sie sich alleine und nicht mehr zugehörig. Vasaria konnte es Sarlina nicht sagen, zu groß war die Angst, sie zu verletzen und sie auch noch als Freundin im Stich zu lassen. Denn immerhin braucht Sarlina jemanden zum Reden, und zwar eine Freundin. Wenn Sarlina schon von Tarja im Stich gelassen wurde, kann sie dies nicht auch noch tun. Vasaria bemüht sich, sich nichts anmerken zu lassen, und quält sich immer mehr, bis sie es nicht mehr aushält.

Eines Nachts schreibt Vasaria einen Brief und zieht durch die Wälder. Tage vergehen und Vasaria bekommt einfach ihren Kopf nicht frei. Ständig denkt sie an Sarlina und Tarja.

Wie es den beiden wohl geht und ob sie ihr böse sind? Sie weiß, dass sie mit dem Grübeln auch nicht weiterkommt und sie für sich selbst da sein muss.

Einige Schritte später fällt Vasaria ein großes Kastanienblatt auf die Schulter. Sie nimmt es in die Hände und betrachtet die einzelnen Fasern auf dem Blatt. Was sie entdeckt, verwundert sie jedoch seit der wundersamen Reisen nicht mehr. „Gehe geradeaus", steht darauf, mit einem Smiley darunter. Sie folgt der Anweisung, geht des Weges gerade entlang.

Nach Stunden stößt sie auf einen Baum, der mitten im Weg steht. Sie blickt sich um. Wo soll sie nun entlang? Rechts oder links? Während sie überlegt, mustert sie den Baum. Er ist wunderschön, kräftig gewachsen und seine Furchen sehen aus, als hätte sie ein Fluss gezeichnet. Vasaria fühlt etwas in der Herzgegend und überlegt nicht lange und nimmt den linken Pfad. Viele Bäume und

Tier kreuzen ihren Weg, die ihr zu wissen geben, dass sie hier richtig unterwegs ist

Doch es wird wieder Abend und es fällt Vasaria schwer, voranzukommen. Doch was ist dort vorne auf der rechten Seite? Es leuchtet sehr hell. Schnellen Schrittes marschiert sie darauf zu. Als sie näher kommt, sieht sie viele Enten und Schwäne, die in dem schönen hellen Licht erleuchten. Vasaria kommt am Ufer an und lockt diese zu sich heran. Es ist ein tierisches Geschnatter und sie kann kein Wort verstehen.

Dann tritt eine Ente hervor und stellt sich mit dem Namen Quirin vor. „Ich habe mich bereiterklärt, dich zu führen, solange dich die Naht hindert, an deinem Ort anzukommen." „Meinem Ort? Woher weißt du, wo ich hin soll, wenn ich es nicht einmal weiß?" „Vertraue uns einfach. Zu viel zu wissen ist oft nicht gut. Das Ziel kann für dich ein Neuanfang sein, es kommt darauf an, was du daraus machst. Komm, lass uns gehen!" Vasaria geht neben Quirin her. Während dem ganzen Spaziergang redet er unentwegt auf sie ein, um es etwas erträglicher zu machen. Vasaria findet es nett von ihm, denn so wird sie nicht allzu schnell müde und wird nicht ständig von ihren Gedanken überrollt.

Als es heller wird, bleibt Quirin stehen. „Nun kannst du wieder alleine weitergehen. Gehe den Weg hier entlang und du wirst darauf stoßen, was du finden sollst. Du wirst es wissen, wenn du es siehst." „Vielen Dank für deine Hilfe, du warst ein super Wegbegleiter, es wäre schön, dich öfters mal zu sehen." „Das ist kein Problem, komme einfach an den Ententeich und dann können wir eine Runde schwimmen und quatschen." „Ja, das werde ich machen, also bis bald." Sie umarmen sich und Vasaria ist nun auf sich selbst gestellt. Vasaria bleibt stehen, als sie mehrere hochgewachsene Pilze sieht. Sie nähert sich diesen ganz langsam und schaut sie von oben bis unten an und geht um den größten einmal herum. Es gibt sogar eine Türe! Vasaria klopft zaghaft an.

Jetzt soll ein neues Leben beginnen.

**Teil VIII**

**Sie kommen immer wieder**

Die Türe wird Vasaria geöffnet. Mit großen Augen tritt sie in den Pilz. Sie sieht viele Faultiere umherwuseln. Auf einer Empore erblickt sie eine Eule, auf die sie langsam zugeht. Sie fragt die Eule, wohin sie muss und was hier geboten wird. Vasaria wird in den ersten Stock geschickt und soll sich bei einem Chamäleon melden. Vasaria geht vorsichtig die schwammigen Treppen hoch. Oben angelangt, macht sie sich auf die Suche nach den Chamäleons. Sie blickt um sich und auch gleich sieht sie eines. Dieser lächelt sie freundlich an und zeigt ihr das Zimmer. Wenn sie ausgepackt hat, solle sie sich noch einmal melden. Vasaria ist etwas ängstlich, sie weiß nicht, was sie hier erwartet, und überlegt, ob sie nicht doch eine andere Reise antreten soll. Sie sieht sich um und fängt letztlich doch an auszupacken.

Danach geht sie zu dem Chamäleon. Vasaria wird durch den ganzen Pilz geführt und einer Gruppe Faultieren vorgestellt, mit denen sie ab sofort eine Arbeitsgruppe sein soll. Einige von denen lächeln sie an. Somit fühlt sie sich etwas angenommen.

Wochen vergehen und Vasaria hat sich mit einigen Faultieren angefreundet, aber fühlt sich nicht richtig wohl, dennoch abreisen kommt für sie auch nicht in Frage, denn ihr Herz sagt, dass sie hier etwas zu lernen hat.

Mit den Faultieren schneidert sie Kleidung in den verschiedensten, buntesten Farben. Nach getaner Arbeit trifft sie sich gerne mit dem Faultier Davon. Sie haben sich sehr gerne und unterhalten sich über alles Mögliche. Vasaria hat sichtlich Freude daran.

Dienstagsabends ist im Obergeschoss Backgruppe, dort werden die süßesten Kuchen gebacken. Vasaria lässt sich dies nicht entgehen und tritt der Gruppe bei. Vasaria hat viel Freude daran und toll ist, dass es in der Pause leckeren Schmachiato gibt und dazu wird sich viel unterhalten. Am liebsten hört sie Frau Bram, der Leiterin, zu. Sie mag sie total gerne und würde sich ihr gerne mal anvertrauen. Doch es gestaltet sich schwierig, da sie viel beschäftigt ist, aber Vasaria bleibt dran, alles, was Frau Bram anbietet, mitzumachen, wie Ausflüge, basteln und einiges mehr. Das ist für Vasaria die einzige Zeit, in der sie das Gefühl hat, anerkannt zu werden und dass sie Spaß hat an dem, was sie tut. Die Freizeit sollte jedoch nicht zu kurz kommen. Fast jeden Tag wandert sie an den Teich zu den Enten, um mit ihnen zu reden, sie kann hier ihr Leid klagen.

Einige Wochen vergehen in demselben Rhythmus, nichts Neues, was sich in

Vasarias Leben bewegt. Enttäuscht und niedergeschlagen hinterfragt sie die letzten Monate. ‚Was mache ich hier? Tagein, tagaus dasselbe und neue Erfahrungen konnte ich auch noch nicht sammeln.' Doch das sollte sich sehr bald ändern.

Am nächsten Tag erfährt sie von einem Chamäleon, dass sie die Arbeitergruppe wechseln wird. Vasaria hat ein mulmiges Gefühl im Bauch, schon wieder lauter Fremde, die sie nicht kennt. Zaghaft tritt sie durch die moosbedeckte Tür. Vorsichtig blickt sie nach rechts und nach links und es kommt ihr ein freundliches Eichhörnchen entgegen. Es stellt sich mit dem Namen Frau Magie vor. Gleich ist Vasaria beruhigter. Zugleich hat sie ein kurzes Gespräch mit ihr über neue Herausforderungen der Arbeit. Und sie sagt, dass sie sich mit ihr alle zwei Wochen zusammensetzen wird. Die zweite Leitung ist das Trampeltier Öchs, welches Vasaria nicht behagt. Dann führt sie Vasaria zu ihrer Gruppe. Noch immer etwas nervös, betrachtet sie die Faultiere. Aber alle scheinen nett zu sein.

In ein paar Wochen hat sich Vasaria gut in die Gruppe integriert. Aber sie ist auch sehr genervt von einigen Faultieren, besonders Horni und Pensch. Immer wenn über die Arbeit gesprochen wird, besonders wie locker sie die Arbeit finden, platzt jedes Mal Vasaria der Kragen. Es sind nun mal Faultiere, aber warum soll sie ihren Mund halten. „Ihr seid stinkfaul, seht euch doch mal an, was ihr arbeitet und redet. Ich seid viel zu langsam und ihr kommt, wann ihr wollt", prustet Vasaria. Keiner gibt Kontra, sie schweigen und tun so, als ob es sie nicht betreffen würde. Dann holt Vasaria erst recht Luft und schimpft und schimpft und schimpft, bis sie entweder von dem Eichhörnchen oder von dem Trampeltier gestoppt wird. Frau Magie nickt nur, aber von Frau Öchs wird sie mit bösen Blicken bestraft, denn sie nimmt die Faultiere gerne in Schutz.

Obwohl sie sich immer wieder Luft macht, fühlt sie sich nicht wirklich erleichtert, der Groll sitzt tief in ihr. Sie war doch früher nicht so, was geschieht mit ihr? Sie weiß es nicht, sie blick auf ihre Hände. Sie beben.

Nachts als sie im Bett liegt, überlegt sie hin und her. Sie kann nicht schlafen mit all den Gedanken in ihrem Kopf. Aufgebracht sucht sie ihren Zauberstein. Erst nach langem Suchen findet sie ihn in einer kleinen Seitentasche. In der Hoffnung, Rat zu bekommen, reibt sie an ihm. Schnell sind die Elfen, ihre Freunde, da. „Bitte, bitte, bitte, ihr müsst mir helfen. Es ist was Schlimmes im Gange. Ich habe so eine immense Wut auf so viel hier im Pilz. Gehen kann ich auch nicht, es hat mich doch mein Herz hierher geführt." Flehend blickt Vasaria die Elfen an. „Es ist nichts Schlimmes. Du bist immer noch du selbst. Du hast all die Wut immer geschluckt in den letzten Jahren, jetzt kommt sie geballt raus. Du musst lernen, wie du am besten damit umgehst. Spüre in dich hinein und du wirst wissen, was du zu tun hast." Sie zwinkern ihr zu und verschwinden im Nichts. Vasaria steht da und überlegt. Doch sie weiß, dass sie heute nicht mehr auf eine Lösung kommen wird, und legt sich wieder ins Bett. Mist, jetzt ist das Gefühl abermals da, ein innerlicher Druck. So kann sie nicht schlafen. Sie setzt sich auf den Boden, möchte meditieren. ‚Nein, das klappt auch nicht, Mensch, was mache ich …'

Sie kann nicht den Gedanken zu Ende bringen. Ein unsagbares Kribbeln und ein enormer Druck machen sich in ihr breit. Während sie dies fühlt, befindet sie sich plötzlich in einer dunklen, übelriechenden Höhle. Sie sieht nichts, bis sie ein flackerndes rotes Licht sieht. Es wird immer größer und heller, bis das Wesen vor ihr steht, zu dem das Licht gehört. Es sieht aus wie sie selbst, nur mit funkelnden roten Augen und sehr langen Krallen. Vasaria geht ohne Angst auf ihr ICH zu und lässt es zu, dass ihr ICH sie angreift. Vasaria wehrt sich nicht und bleibt starr stehen, bis sie wieder in ihrem Zimmer auf dem Boden sitzt. Sie sieht sich an, sie hat Wunden, wo das ICH sie angegriffen hat. Und alles kommt ihr bekannt vor, was soeben geschehen ist, sie hat nur lange nicht mehr daran gedacht. Sie braucht Hilfe.

Sie geht aus ihrem Zimmer und hofft jemanden zu finden, der ihr helfen kann. Es ist ruhig, nichts scheint sich zu regen und es ist dunkel. Sie geht die Wendeltreppe hinab. Oh, es scheint doch noch jemand wach zu sein, Vasaria sieht ein grelles Licht. Sie nähert sich dem Licht, ihr Herz schlägt immer schneller, irgendwie hat sie Angst, wer da sein könnte. Gleich ist die da, aber was soll sie sagen? Vorsichtig blickt sie in den offenen Raum, sie sieht einen Gnom. Der Gnom blickt auf und fragt, was er tun könne für sie. Vasaria findet, dass der Gnom nett aussieht und sie tritt langsam herein. „Ich bin Sabe, was ist los?" Vasaria zeigt ihre verletzten Arme, ohne ein Wort zu sagen. Sabe bietet

Vasaria einen Sitzpilz an und ohne groß nachzufragen, versorgt sie die Wunden mit Oleoblättern. Vasaria würde gerne reden, aber sie bringt kein Wort hervor. Sabe beruhigt sie: „Es ist okay, du musst nicht reden, dennoch wenn du mal das Bedürfnis hast, kannst du gern jederzeit zu mir kommen. Ich bin nachts öfters hier, du kannst einfach kommen." Vasaria fühlt sich bei ihr wohl, doch reden kann sie immer noch nicht. Sie bedankt sich und geht endlich schlafen, ohne noch länger zu grübeln.

Am Tag darauf will jeder wissen, was passiert ist. Vasaria schweigt. Heute ist die Zeit mit Frau Magie. Doch sie hat kaum Lust dazu. Magie hat heute eine Nuss dabei, Vasaria soll versuchen sie zu öffnen. Vasaria schaut sich die Nuss von allen Seiten an. Dann hat sie eine kleine Öffnung entdeckt. Die Nuss springt auseinander und Rauch steigt auf. Frau Magie sagt nur noch: „Einfach fühlen, denken, aber nicht reden." Als der Rauch verschwunden ist, fühlt sich

Vasaria plötzlich so komisch und das sind nicht all ihre eigenen Gedanken. Sie macht das, was Frau Magie zu ihr gesagt hat. Es dauert nicht lange, bis das Gefühl und die Gedanken verschwinden. Vasaria ist nachdenklich und beginnt dann zu reden: „Es waren Ihre Gedanken und Gefühle. Sie wollen mir helfen und mich verstehen. Danke, aber mir fällt es sehr schwer zu reden und teilweise weiß ich selbst nicht, was mit mir geschehen ist." „Keine Eile, lass dir Zeit. Ich bin für dich da. Immer in kleinen Schritten."

Seit der einen Nacht kämpft Vasaria jeden Tag mit ihrem ICH. Wenn Sabe nicht da ist, versorgen die Chamäleons ihre Wunden, welche ihr aber nicht so wohlgesonnen sind und ihr ein schlechtes Gewissen machen. Vasaria verteidigt sich jedes Mal aufs Neue, dass sie nichts dafür kann, und sie erntet nur Farbwechsel in dunklen Tönen. Vasaria ist verzweifelt, es muss doch einen anderen

Weg geben. Jedoch spontan fällt ihr nichts ein.

Am nächsten Tag nimmt sich Vasaria vor, sich einen schönen Tag zu machen. Sie zieht ihre Wanderkleidung an und will den nahe gelegenen Wald erforschen mit all seiner Natur. Mit einem Lächeln auf den Lippen spaziert sie in den Wald. Sie schaut kaum nach unten, denn oben findet sie alles viel faszinierender. Nach einigen Minute bleibt sie stehen, vor ihr ist ein gigantisch großer Baum mit einer Tür und mehreren Fenstern, die hübsch mit Blumen geschmückt sind. Langsam nähert sich Vasaria dem Baum. Sie überlegt, ob sie klopfen soll. Sie ist so neugierig und geht der Tür entgegen. Zaghaft klopft sie und wartet. Es tut sich nichts. Sie klopft nochmals, nun mit etwas mehr Elan, und wartet wieder. Es öffnet sich die Türe und eine Eule blickt sie mit einem Lächeln an „Ja? Was willst du?"

„Mich hat der Baum so fasziniert und ich wollte gerne wissen, wer hier wohnt. Übrigens ich bin Vasaria und wohne momentan im Pilzhaus." „Ja, das Pilzhaus kenn ich, da sind viele Faultiere." Vasaria nickt. „Willst du reinkommen und mein Gast sein?" „Gern, aber nur, wenn ich nicht störe." „Komme ruhig rein, ich mache uns einen Tee." Vasaria tritt ein und schaut sich um. Sie fühlt sich auf Anhieb wohl und die Eule scheint auch nett zu sein. „Ich habe mich noch gar nicht vorgestellt. Mein Name ist Tiny und ich wohne hier schon sehr lange, ab und an kommt auch mal das ein oder andere Faultier hier vorbei." Die beiden setzen sich an einen geschnitzten Tisch. Tiny ist sehr neugierig und stellt gleich Vasaria mehrere Fragen, wo sie herkommt und was sie hierher verschlagen hat und warum sie nun bei den Faultieren lebt. Vasaria hat von Anfang an ein gutes Gefühl bei Tiny und denkt, dass sie ihr bestimmt mal vertrauen kann. Sie erzählt ihr die Geschichte, wie sei zum Pilz kam. Die Eule hört ihr sehr interessiert zu und stellt zwischendurch Fragen.

„Inzwischen ist es dunkel geworden, du solltest lieber zum Pilz gehen. Wenn du möchtest, kannst du gerne wieder kommen. Du bist hier herzlich willkommen. Ich gebe dir noch diesen Holzknüppel mit." „Wieso das denn?" „Es tummelt sich gerne die Schlange Wetz um mein Haus rum und sie sieht es nicht so gerne, dass ich Besuch habe. Haue ihr einmal auf den Kopf und du kannst in Ruhe nach Hause gehen." Vasaria hat kaum den zweiten Fuß aus der Türe, sieht sie zwei blitzende Augen und hört ein „Tzzzzzt", und darauf ertönt gleich ein „Donk". Vasaria hat die Schlange erwischt und geht zufrieden zum Pilz. Heute hat sie eine gute Nacht und schläft gleich ein.

Eines Tages landet eine weiße Taube mit einem kleinen Päckchen an ihrem Fenster. Vasaria sieht sie fragend an. „Hier für dich, es ist eine Botschaft, du wirst wissen, von wem es ist und was du zu tun hast." Die Taube fliegt weiter. Vasaria hat kein gutes Gefühl. Sie nimmt das Päckchen mit aufs Bett und öffnet es vorsichtig. Es liegt ein schwarzes Herz darin. Vasaria weiß sofort, dass dieses ihrem Vater gehörte. Sie hebt es raus und umschließt es, währenddessen kullern Vasaria dicke Tränen über die Wangen. Sie weiß, was dies zu bedeuten hat, und will es aber nicht wahrhaben. Ihr geliebter Papa ist nun tot und in all den letzten Wanderungen hat sie nicht oft an ihn gedacht. Es tut ihr weh, denn ihr Vater war der Einzige, der ihr vom Herzen her am meisten deutet hat. Sie weint und betrachtet das Herz. Erst jetzt sieht sie, dass am Herzen eine Stelle noch rot scheint und plötzlich ist ihr klar, was sie zu tun hat.

Nervös sucht sie den Zauberstein und als sie ihn gefunden hat, reibt sie daran und hofft, dass Nile mit dabei ist, sie hilft ihr am meisten. Es dauert nicht lange, da ist Nile tatsächlich mit ihren Freunden zur Stelle.

Vasaria bittet sie, sie schnellstmöglich zu ihrem Herzen zu bringen, denn sie darf keine Zeit verlieren, da sonst das Herz von ihrem Vater ganz schwarz wird. Nile erkennt die Notlage. Sie sagt zu Vasaria, sie solle sich hinsetzen und die Augen schließen und ganz fest an ihr Herz denken. Vasaria folgt den Anweisungen. Als Vasaria fest an ihr Herz denkt, setzen sich die Elfen überall an Vasarias Körper. Sei schließen ebenfalls die Augen und fangen kräftig zu leuchten an. Binnen von Sekunden ist Vasaria bei ihrem Herzen.

Sie tritt ein, schaut sich um und überlegt gut, wo sie das Herz platzieren möchte. Sie findet eine passende Stelle und legt es hin und weint bitterlich. Ihre Tränen tropfen auf das schwarze Herz. Vasaria nimmt zuerst gar nicht wahr, was geschieht. Das Herz bekommt sein schönstes Rot zurück. Als Vasaria dies seht, hört sie zu weinen auf und lächelt. Sie hat ihren Vater nun in ihrem Herzen und es wird sie stets begleiten. Sie betrachtet das Herz ausgiebig und gibt diesem einen Kuss.

Vor dem Herzen wartet auch die große Fee Anabell. Sie nimmt sie in den Arm und meint: „Die Körper gehen, aber im Herzen bleiben sie für immer." Vasaria lächelt sie an und sagt: „Seitdem ich von meinen Vater weg bin, habe ich mich nirgendwo zuhause gefühlt, aber dadurch habe ich auch gemerkt, dass ich noch was brauche. Ich will endlich wieder Wurzeln tragen und mich zuhause fühlen können. Deshalb ist mein dritter Wunsch: Ich möchte mich zuhause fühlen können." „So soll es kommen und du wirst es spüren, wenn es so weit ist." Nile bringt sie wieder zum Pilz.

Vasaria versucht in den nächsten Tagen sich von den Faultieren zu distanzieren, da sie gemerkt hat, dass diese ihr nicht guttun und die Wut in ihr schüren. Sie hängt sich eher an das Eichhörnchen und Tiny, denn diese geben immer eine guten Rat und stehen ihr zur Seite. In mehreren Gesprächen lernt Vasaria ihr Verhalten besser zu verstehen. Die Wut, die sie in sich trägt und an den Faultieren ausgelassen hat, gilt eigentlich der Dunkelheit ihrer Vergangenheit. In dieser Zeit entwickelt Vasaria immer mehr Vertrauen zu den beiden, besonders zu Tiny.

Eines Tages nimmt sich Vasaria vor, Tiny von ihrem andern Ich zu erzählen. Vasaria ist sehr aufgeregt an dem Tag und Tiny bemerkt es sofort. Vasaria sagt ihr, dass sie ihr etwas Wichtiges zu sagen hat und sie trotz des Vertrauens Angst hat, dass sie sie dann nicht mehr mag und sie sie nicht mehr besuchen kommen dürfte. Tiny beruhigt sie, indem sie ihr klar macht, dass es egal sei, was sie zu berichten hat, sie ist für sie da.

Vasaria holt ein paarmal tief Luft, schließt die Augen und konzentriert sich. Nach kurzer Zeit kommen Tränen. Vasaria nimmt eine und legt sie in die Hand. Sie nimmt die zweite Hand und legt sie darüber. Die Träne wird immer größer. Als sie groß genug ist, zeigt sie diese Tiny. „Schaue hinein und du wirst mein Geheimnis kennenlernen." Die Eule schaut in die Träne hinein. Sie sieht alles, wie Vasaria ihrem eigenen bösen ICH gegenübersteht und dieses sie angreift. Tiny schüttelt den Kopf. „Das ist ja furchtbar und du kannst es nicht stoppen?" „Nein und vom Gefühl her weiß ich auch, dass es nicht das erste Mal war. Ich kann es nicht stoppen und nicht kontrollieren. Und ich weiß auch nicht, warum es kommt." „Das ist wirklich schwierig, ich kann dir da auch nicht viel weiterhelfen, aber ich kenne jemanden, der dich eventuell ein Stück weiter bringen kann." „Oh, das wäre super! Wer ist das?" „Bedenke, es muss nicht positiv sein, er ist nämlich schrecklich angsteinflößend. Du musst gut auf dich aufpassen, wenn du zu ihm gehen solltest. Er ist ein Zerberus und heißt Arbas, er wohnt hinter dem Hügel in der kleinen Höhle, du kannst dich nicht verlaufen. Aber überlege wirklich gut. Lass dir Zeit mit der Entscheidung." Tiny nimmt Vasaria in den Arm, bevor Vasaria nachdenklich geht. Wie immer trifft Vasaria auf Wetz und gibt ihr eine Schlag auf den Kopf.

Vasaria überlegt mehrere Tage, bis sie sich letztendlich doch entscheidet, zum Zerberus Arbas zu gehen. Als Vasaria auf dem Hügel steht, sieht sie schon die Höhle. Ihr ist schon etwas mulmig, aber sie muss einfach mehr von und über sich erfahren. Mutig geht sie weiter und bleibt kurz vor der Höhle stehen und geht schließlich hinein. Sie sieht den Zerberus mit seinen fünf Köpfen. Vorsichtig nähert sie sich ihm. „Hallo, Arbas. Ich sollte dich aufsuchen, um mehr über mich zu erfahren." „Sieh mir in die Augen." Vasaria tut, was Arbas ihr befiehlt, es dauert nicht lange und Vasaria erstarrt. Das Ganze dauert ziemlich lange, bis Vasaria wieder etwas benommen und verwirrt zurück zum Pilz geht. Sie ist gespannt, was sie bekommen wird.

In ihrem Zimmer setzt sie sich erschöpft auf ihr Bett. Doch zum Entspannen kommt sie nicht. Auf einmal sieht sie lauter Blitzler, die schnell auf sie zukommen und mit ihrer Spitze sie tief innerlich verletzen. Vasaria kann sich nicht wehren. Sie möchte fliehen, aber sie schafft es nicht. Ihr wird komisch, plötzlich steht ihr ICH vor ihr und greift sie an. Nachdem das ICH fertig ist, sitzt Vasaria immer noch auf dem Bett, und die Blitzler sind zum Glück weg. Völlig fertig geht Vasaria runter zu Sabe. Sabe redet ihr gut zu und versorgt die Wunden mit Oleoblättern. Etwas ruhiger geht Vasaria schlafen, unruhig liegt sie in ihrem Bett und die Gedanken kreisen in ihrem Kopf. Das Ganze, was heute passiert ist, geht ihr noch nach. Sie macht sich jetzt Vorwürfe, dass sie doch zu Arbas gegangen ist. Sie kann sich den Zusammenhang mit den Blitzlern nicht erklären.

Am nächsten Tag überlegt Vasaria, ob sie dies Tiny und Frau Magie erzählen soll.

Vielleicht kann ja einer von denen ihr weiterhelfen. Allerdings ist es ihr außerdem peinlich, dass die Blitzler sie besucht haben. Auch dieser Tag endet mit einem Besuch der Blitzler und ihrem ICH.

Sie entscheidet sich dafür, es den beiden zu sagen, wiederum wird sie nicht sagen, welche Gedanken und Gefühle die Blitzler ausgelöst haben. Wie gedacht stellen beide keine weiteren Fragen und akzeptieren, was sie berichtet. Die Blitzler sind wahrlich keine positive Erfahrung, diese Bilder und Gedanken und Gefühle, die dadurch wachgerufen werden, haben mit ihrer Vergangenheit zu tun. Es belastet sie sehr, dennoch gibt es für sie viele Antworten auf ihre Fragen. Warum so eine mächtige Wut in ihr ist. Sie weiß nun, dass sie mit diesen Blitzlern leben muss und daraus lernen kann, ihr Verhalten und ihre Gefühle besser zu verstehen. Vielleicht schafft sie es so, einen Teil ihres Herzens wieder zurückzuerobern.

Es war hart, was sie hier lernen musste, aber sie weiß, dass sie jetzt weiter wandern kann, um ihre Wünsche erfüllen zu können. Jetzt ist einer dazugekommen, ihr letzter Wunsch. Sie will ein Zuhause für sich finden, in dem sie sich wohlfühlt und für immer bleiben will.

**Teil IX**

**Gemeinsamkeit**

Nachdem sie ihr Wissen bei den Faultieren im Pilz erweitern konnte, packt Vasaria abermals ihre Sachen. Es kann weitergehen. Sie nimmt den Weg durch die Wälder, denn sie Natur tut ihr gut und sie kann wieder neue Kraft sammeln. Sie erblickt viele Tiere und das Grün der Bäume lässt sie strahlen. Wo es dieses Mal hingeht, weiß sie wieder mal nicht, aber sie weiß ganz genau, dass sie einiges erleben wird.

Mehrere Tage braucht sie, bis sie den Wald verlässt. Eine kleine Straße soll Vasaria dort hinbringen, wo das neue Abenteuer beginnen soll. Am Ende er Straße ist eine Quelle. Vasaria steuert darauf zu, denn sei könnte mittlerweile ein Erfrischung gebrauchen. Sie trinkt und bespritzt sich überall mit dem kühlen Wasser. Zufrieden mit sich selbst setzt sie sich hin und ihr Zauberstein rutscht aus der Hose und fällt in die Tiefe der Quelle. Vasaria versucht noch danach zu greifen, jedoch erwischt sie ihn nicht mehr. Ohne zu zögern, springt Vasaria ihm nach. Sie muss zum Glück nicht lange suchen. Erleichtert steckt sie ihn wieder ein.

Nachdem sie schon hier unten ist, will sie ihren Weg fortsetzen. Das Wasser hat ihr schon immer gutgetan. Mittlerweile hat sie eine enorme Strecke hinter sich gebracht und wird müde. Sie findet eine kleine Höhle und kuschelt sich dort hinein.

Während sie schläft, bekommt sie nicht mit, dass eine Nymphe und ein Frosch sie entdeckt haben. Sie flüstern, nicken, kichern und setzen sich vor Vasaria hin. Vasaria schläft gut und lange, sie wollte sich nochmal umdrehen, doch sie sieht die zwei vor sich sitzen mit kleinen Augen. Sie reibt die Augen, ob sie sich nicht täuscht. „Guten Morgen!?!", begrüßt Vasaria die zwei.

„Guten Morgen", sagen die zwei im Chor. Vasaria ist noch zu schläfrig, um gleich Fragen stellen zu können, und schaut sie stattdessen fragend und verwundert an. Der Frosch mit seinen roten Haaren stellt sich mit dem Namen Kerschwa und die Nymphe mit Rebes vor. „Wir würden gerne wissen, was du hier tust und wer du bist."

Vasaria stellt sich vor und berichtet knapp und ohne großen Inhalt von ihren Reisen. Die zwei werden neugierig. „Und was hast du da genau erlebt?" Vasaria will noch nicht alles sagen und somit berichtet sie nur, dass sie sich drei Wünsche erfüllen darf und sie bei jeder Reise viel über sich selbst gelernt hat. Kerschwa und Rebes sind beeindruckt und wollen wissen, ob sie Vasaria begleiten dürfen, denn hier in der Quelle erleben sei nicht viel und sind auch noch nicht weit herumgekommen. Vasaria freut sich, denn beide sind ihr wohlgesonnen und vielleicht können sie ihr helfen, die Wünsche endlich erfüllt zu bekommen, denn mittlerweile ist sie schon sehr ungeduldig. Sie stimmt zu und die beiden nicken sich gegenseitig zu. „Wo wollen wir als Erstes hin?" „Einen Moment, ich horche in mein Herz hinein, ob es mir eine Richtung weist." Alle werden still und Vasaria schaut, ob das Herz zu ihr spricht. Wie immer ist Verlass auf ihr Herz. „Wir müssen gen Süden gehen." Die drei marschieren los und die ersten Meter schweigen sie sich an. Nach einer Weile erzählt Kerschwa ein wenig von sich. Somit ist der Anfang gemacht für ein nettes Gespräch.

Viele kleine und große Fische schwimmen an ihnen vorbei. Vasaria will sie berühren, doch sie sind zu flink und schwimmen schnell davon. Vasaria versucht es erneut und gibt nicht auf, es macht ihr Spaß und ihr Ehrgeiz ist geweckt. Kerschwa und Rebes finden es bewundernswert, welche Ausdauer Vasaria an den Tag legt.

Es geht so lange, bis sie an einer Abzweigung stehen. Rebes fragt: „Na, wo wollen wir entlang?" Vasaria meint, es sei ihr egal. „Du musst entscheiden, es ist dein Abenteuer, wir begleiten dich nur. Sagt dein Herz nichts?", sagt Kerschwa. „Nein, das Herz spricht nicht mehr, ich muss mich entscheiden, aber es fällt mir immer so schwer. Ich kann nicht. Bitte sucht ihr einen Weg aus, ich vertraue euch. Biiiiitttte!" Vasaria blinzelt sie nett an und schiebt einen Schmollmund. Rebes sagt letztlich: „Ok, dieses Mal werden wir entscheiden, aber das nächste Mal bist du an der Reihe." Rebes entscheidet sich für die rechte Abzweigung.

Es braucht nicht lange, bis sie merken, dass sie hier alleine unterwegs sind. Kein einziger Fisch. Vasaria kommt das komisch vor. Sie sieht sich um und erkennt nichts, das hier irgendwie auch nur lebendig erscheint, außer sie drei. Vasaria fällt noch etwas auf, das Wasser ist starr, es bewegt sich überhaupt nicht. Wieder erinnert sie sich daran, dass sie damals auch andere hat entscheiden lassen und es ist nichts Gutes dabei herausgekommen. Naja, vielleicht ist es diese Mal nicht so. Um von ihrer Nervosität abzulenken, beginnt Vasaria ein Gespräch. Sie plappert und plappert und …

Was ist das vor ihnen? Ein riesiger verschwommener Fleck. Dieser Fleck scheint auf sie zuzukommen. Langsam bekommt der Fleck Konturen. Es scheint, als habe es Tentakeln, Zotteln oder so. Als sie es erkennen können, ist es schon zu spät. Vasaria schließt ihre Augen und traut sich diese nicht mehr zu öffnen, sie tastet vorsichtig um sich. Es ist alles schleimig. Aber dann macht sie schließlich doch die Augen auf. Alles ist rosa mit schwarzen Flecken. Gleich als Erstes schaut sie, ob Kerschwa und Rebes da sind. Sie kann sie nicht sehen, es ist zu dunkel. Mit der lautesten Stimme, die sie hat, ruft sie nach den zwei. Beim zweiten Ruf, hört sie von weit hinten deren Stimme. Vasaria will sofort loslaufen, doch der Schleim hält sie gefangen. ‚Oh Mann, wo bin ich da nur wieder hineingeraten', denkt sie sich. Vasaria merkt nicht, wie sie immer wütender auf sich wird und zugleich noch mehr im Schleim versinkt. „Versager. Nichts bringe ich auf die Reihe, keiner kann mich leiden, mir will keiner helfen, jeder nutzt mich nur aus …", schimpft sie vor sich hin. Und erst als der Schleim ihr bis zum Hals reicht, registriert Vasaria, was hier passiert. Sie hält inne. „Wie komm ich da wieder raus, ich stecke bis zum Hals im Schleim", ruft sie zu Rebes und Kerschwa. „Wenn du merkst, was du von dir hast, und gut von dir denkst. Du darfst es nicht nur denken, du musst davon überzeugt sein", sagen beide synchron.

„Na toll, wie soll ich das in dieser Situation hinbekommen?" Schon wieder versinkt sie ein Stück. „Schon gut, schon gut, ich habe es begriffen", murmelt sie vor sich hin. Es vergehen erst einige Minuten, bis Vasaria sich überwinden kann, etwas Gutes über sich zu sagen. „Ich habe Humor." Vasaria beäugt alles um sich herum, es tut sich noch nichts. ‚Also mehr Überzeugungskraft.' Und sie wiederholt den Satz nochmals. Endlich, es funktioniert, der Schleim geht tatsächlich ein wenig zurück. „Ich bin ein guter Zuhörer. Ich helfe anderen. Ich bin für andere da. Ich bin ein liebenswerter Mensch ..." Umso mehr sie ausgesprochen hat, desto mehr fällt ihr ein, und es hat noch einen positiven Effekt, sie fühlt sich sicherer und besser. Vasaria schafft es, sich zu befreien, und tastet sich gleich zu dem Frosch und der Nymphe vor.

Das Ganze hat Vasaria viel Energie gekostet und sie ruht sich erst einmal aus. „So und jetzt müssten wir nur noch wissen, wie wir hier rauskommen", meint Vasaria. Die drei schauen sich fragend an. „Also, entweder wir kommen da raus, wie wir reingekommen sind, oder es gibt noch eine andere Lösung. Ich bin eher für einen anderen Weg. So bekommt dieses Unwesen es nicht mit. Was meint ihr?", fragt Vasaria die zwei. ‚Wir folgen dir." Vasaria schaut sich um. „Diese Löcher hier sind bestimmt von den komischen Tentakeln. Wenn wir an die Spitze kommen, führt uns da vielleicht ein Weg hinaus." Vasaria spürt, dass die positive Energie wieder in ihr ist, und freut sich auf ein neues Abenteuer. „Na gut. Vasaria, wir folgen dir und helfen dir, soweit wir können", sagt Rebes.

Voller Elan geht Vasaria in die nächstgelegene Tentakel. Es ist ziemlich dunkel und eng, aber die drei machen sich gute Laune. Sie kriechen auf allen vieren Richtung Ende der Tentakel. Vasaria hat endlich wieder das Gefühl, nicht mehr alleine zu sein und unterstützt zu werden. Sie dreht sich mehrmals um, jedoch kann sie nichts sehen. Als sie das Gefühl gar nicht loslässt, dass sie nicht ganz alleine sind, ruft sie ins Dunkle: „Hallo? Ist da jemand?" „Ähm, ja, ich." „Wer ‚ich'? Zeige dich! Weshalb folgst du uns?" „Ich bin Dümse. Ich will hier auch raus, deshalb bin ich euren Stimmen gefolgt. Bitte schicke mich nicht weg und hilf mir!" Sehen kann Vasaria nur ihre Umrisse, aber die Stimme hört sich freundlich an. „Ja, du kannst mitkommen, wir müssten bald am Ende sein."

Noch einige Meter und sie sind am Ende. „So, jetzt muss ich sehen, ob ich einen Schlitz finde oder selbst einen hervorbringen muss", meint Vasaria. „Aber sei vorsichtig, dass das Unwesen nichts mitbekommt", sagt Rebes. Vasaria tastet das Ende stückchenweise ab, es dauert einen Moment, bis Vasaria sagt: „Ah, ich glaube, ich habe was gefunden." Sie tastet weiter und spürt eine größere Öffnung. Sie steckt die Finger durch und dann ihre ganze Hand. „Ich kann das Wasser außerhalb spüren, es ist immer noch starr, es wird somit nicht zum Problem werden." Mit beiden Händen drückt sie den Schlitz auseinander. „Ihr könnt jetzt alle raus. Und dann müsst ihr für mich aufhalten." Gesagt, getan.

Als sie alle draußen sind, reiben sie sich die Augen. Erst jetzt sieht Vasaria, dass Dümse ein Plankton ist. „Nun gut, verhaltet euch leise, aber seht zu, dass wir hier schnell wegkommen." Alle folgen Vasarias Anweisungen. Schnell bewegen sie sich fort und als sie die ersten Fische und Seesterne sehen, sind sie sicher, dass die Gefahr gebannt ist. „Dümse, ich wünsche dir eine gute Reise, wir müssen allein weiter." „Danke, vielen Dank für eure Hilfe", sagt Dümse beherzt.

Rebes, Kerschwa und Vasaria suchen sich erst mal einen Unterschlupf, um sich von den Strapazen zu erholen. Vasaria geht in dieser Nacht viel durch den Kopf. Sie fragt sich, ob es vielleicht gut wäre, ihnen von den Blitzlern und dem ICH zu erzählen. Denn um diese loszuwerden, ist sie ja auch auf dieser Reise. Sie wird sich morgen entscheiden, dann ist sie ausgeruht.

Am nächsten Morgen sind Rebes und Kerschwa früher wach als Vasaria und gehen die Umgebung erforschen. Kaum hatte

Vasaria die Augen geöffnet, ist Dümse wieder bei ihr und fragt: „Habe ich das richtig verstanden, ihr reist ohne mich weiter?" Vasaria gähnt ausgiebig und meint schließlich: „Ja, ich bin auf einer speziellen Reise, du wirst bestimmt auch deinen Weg gehen." „Mhhh, hast du zufälligerweise braunes Pulver?", fragt Dümse unschuldig. „Ja, in meinem Beutel, ich habe es in den letzten Jahren gesammelt und noch nicht gebraucht. Hier, du kannst etwas davon bekommen." Vasaria gibt Dümse etwas braunes Pulver, welche in kleinen Mengen Energie geben kann.

Nachdem es Dümse eingesteckt hat, geht sie in Richtung eines Felsens. Vasaria sucht ihre zwei Begleiterinnen und findet sie bald. Sie gibt ihnen zu verstehen, dass sie langsam losgehen will. „Damit wir heute ein wenig schneller vorankommen, habe ich mir gedacht, wir könnten einen von den Delphinen fragen, die hier gleich um die Ecke sind, ob sie uns ein Stück mitnehmen", meint Vasaria. „Ein Delphinritt ist nichts für mich. Wir treffen uns dann später wieder", entgegnet Rebes. Kerschwa nickt ihr zustimmend zu. „Ok, aber bevor ich losreite, möchte ich gerne noch etwas mit euch besprechen." Vasaria nimmt all ihren Mut zusammen und erzählt ihnen von den Blitzlern und dem ICH. Beide hören verständnisvoll zu und können Vasaria gut verstehen, dass sie große Angst hatte, ihnen davon zu berichten.

Bevor sie aufbrechen, trifft sich Kerschwa mit den Delphinen und spricht mit ihnen die Reiseroute ab, so dass sie sich nachher wieder alle an einem bestimmten Ort treffen können. Es ist nicht das Einzige, was sie mit ihnen beredet, es geht ebenfalls um Vasaria, sie sollen auf sie aufpassen, besonders wenn die Blitzler zuschlagen. Jambo, der Erfahrungen damit hat, erklärt sich bereit, Vasaria sicher an dem Treffpunkt abzuliefern.

Kerschwa gibt den Anderen Bescheid, dass sie sich am östlichsten Punkt wieder treffen. „Vasaria, ich habe mit den Delphinen gesprochen, Jambo hat mit den Blitzlern und dem ICH Erfahrungen und möchte dich gerne mitnehmen. Vasaria nickt, sie will versuchen, den Delphin anzusprechen. Kerschwa und Rebes gehen los und lassen Vasaria alleine bei den Delphinen stehen. Vasaria blickt sie an und überlegt, wie sie sie am besten ansprechen kann.

Es vergehen einige Minuten bis Vasaria endlich ein Wort über die Lippen bringt. „Hallo, ich bin Vasaria, ich suche Jambo. Könntet ihr mit bitte sagen, wo ich ihn finde?" Die Delphine drehen sich um, einer beginnt zu sprechen: „Ich bin Jambo. Ah du bist Vasaria, ich soll dich begleiten und am östlichsten Punkt abliefern." Stumm nickt Vasaria. „Dann komme und setze dich auf meinen Rücken, wir können gleich losschwimmen."

Vasaria fühlt sich wohl auf seinem Rücken. Sie beginnt ein wenig von sich und ihren Reisen zu erzählen. Jambo hört aufmerksam zu und stellt ab und zu eine Frage. Als das Thema ernster wird, wird Vasaria stiller. Jambo akzeptiert dies und versucht Vasaria abzulenken. „Schau dich um, ist es nicht herrlich hier? Und diese Ruhe, ich genieße sie jede Sekunde." Vasaria betrachtet die ganze Pracht und stimmt Jambo zu. „Wir können hier eine Pause machen, wir sind schon sehr weit vorangekommen", meint Jambo. Vasaria steigt ab und legt sich auf den Boden. Jambo schwimmt los und schaut, ob er für die beiden etwas Essbares findet.

Vasaria kann die Ruhe nicht lange genießen, wieder tauchen negative Gefühle auf, dass auch diese Reise ihr bestimmt nichts bringen wird und sie nicht wirklich ihre Wut in den Griff bekommt. Schon in kürzester Zeit ist sie innerlich angespannt und driftet weg. Sie steht vor ihrem ICH. Doch dieses Mal hört sie von weitem Jambo. „Zeige keine Angst, lasse die Wut in dir zu. Und wenn du sie spüren kannst, schicke der Wut beziehungsweise deinem ICH alles Positive entgegen. Glaube an dich, du bist kein schlechter Mensch. Wenn du dein ICH bezwingen willst, musst du es aus tiefstem Herzen wollen. Dein Wille ist sehr stark, stärker als dein ICH. Vertraue mir."

‚Super, leichter gesagt als getan.' Dennoch will sie es versuchen. Sie will sich nicht länger von ihrer Wut leiten lassen. Vasaria spürt die Wut in sich und sieht die blitzenden Augen gegenüber. „Ich bin bereit. Komme ruhig, ich werde gegen dich kämpfen", schreit sie. ‚Gut die Wut ist da, sie gehört zu mir und nur ich kann sie lenken.' Während sie denkt, nimmt Vasaria dieselbe Position ein wie ihr Gegenüber. Das ICH ballt die Fäuste und die Augen scheinen sie förmlich zu durchdringen. Das ICH kommt auf Vasaria zu und sie bleibt stehen, bis das ICH ganz nah bei ihr ist. Doch was macht Vasaria? Sie geht einen Schritt auf das ICH zu, als dieses sie angreifen will. Sie nimmt das ICH in den Arm und sagt beruhigende und liebevolle Worte zu ihm. Das ICH ist wehrlos, es kommt nicht raus. Erst als Vasaria es loslässt, flieht es. Vasaria kommt zu sich und ist bei Jambo.

„Ich habe es geschafft, ich kann es kaum glauben. Es ist geflohen vor mir. Ich habe keine Wunden. Vielen Dank, Jambo, wenn du nicht gewesen wärst, hätte ich das bestimmt nicht hinbekommen." Vasaria ist überglücklich und umarmt Jambo. Jambo beglückwünscht Vasaria: „Sehr gut, ich wusste, du bist stark und schaffst es. Das Lob gehört nicht mir, sondern dir ganz alleine. Jedoch wird es dich bestimmt öfter noch einholen und es wird nicht jedes Mal so leicht sein wie heute, aber vergiss dich und dein Stärken nicht. Du wirst es schaffen, dass es nie wieder kommt. Heute hast du den ersten und größten Schritt nach vorne gewagt und was Neues dazugewonnen." Vasaria glaubt ihm und ist das erste Mal so richtig stolz auf sich selbst.


„Nun gut, wir haben uns hier lange genug aufgehalten. Lass uns weiter nach Osten ziehen." Vasaria steigt auf und es geht rasant weiter. Vasaria bekommt ihr Strahlen gar nicht mehr von den Lippen und nimmt jetzt noch intensiver ihre Umgebung wahr. Die verschiedenen Farben, die Ruhe und der Rhythmus wie sie sich durch das Wasser bewegen. Vasaria könnte noch stundenlang sich so fortbewegen. Doch in einer ruhigen Bucht bleiben sie stehen. Mit einem „wir sind da" reißt Jambo Vasaria aus ihren Gedanken. Sie steigt ab und bedankt sich mehrmals. Sie winkt ihm lange nach. Er hat ihr wirklich gutgetan.


Entspannt wartet sie auf die andern, bis sie jemand von hinten antippt. Vasaria dreht sich um und erblickt das Plankton Dümse, das ihnen anscheinend gefolgt ist. „Bist du mir gefolgt?" Darauf Dümse: „Hast du braunes Pulver?" „Ja. Aber bist du mir deshalb gefolgt?" „Kann ich etwas braunes Pulver bekommen?" Vasaria fühlt sich nicht wahrgenommen, dennoch gibt sie ihr braunes Pulver und Dümse verschwindet. Vasaria schüttelt den Kopf und schmeißt sich in die Wellen.

Sie genießt es, sie kann sich endlich fallen lassen. Das Wasser massiert ihre Haut angenehm. Sie taucht, sie springt und lässt sich treiben. Sie denkt sich, das, was sie jetzt erlebt hat, kann sie bestimmt gegen das ICH anwenden. Vasaria lächelt dabei. Zurück am Strand legt sie sich in den Sand und die Sonne scheint auf ihren Körper. Die Gefühle, die sie durch die Sonne und den Sand bekommt, versucht Vasaria in ihr Herz und ihre Gedanken zu brennen. Sie fängt an den Sand über sich rieseln zu lassen, gräbt ihre Füße in den Sand und wälzt sich darin. Ich Lächeln auf ihren Lippen will nicht vergehen. Selbst nicht als Dümse noch einmal auftaucht. Vasaria stellt keine Fragen, denn den Part übernimmt Dümse. Wie auch die anderen Male fragt sie nach braunem Pulver. Vasaria rollt innerlich die Augen, gibt ihr dennoch ohne Worte das Pulver. Und schon ist Dümse wieder weg.

Kurz nachdem Dümse gegangen ist, kommen Kerschwa und Rebes erschöpft an. Vasaria hat eine Menge zu erzählen und weiß gar nicht, wo sie anfangen soll. Kerschwa und Rebes können Vasarias Aufregung gut verstehen, nachdem sie alles erfahren haben. Zuletzt berichtet sie auch, wie sie von dem Plankton genervt ist. Die beiden meinen, dass Dümse nett ist und sie nichts dafür kann. Vasaria regt sich auf, weil Dümse in Schutz genommen wird. Oh! Oh! Vasaria steht vor ihrem ICH. ‚Ich schaffe das jetzt bestimmt nicht, Jambo ist nicht da. Oh Mann, was soll ich machen?', geht es durch Vasarias Kopf. ‚Die Wut minimieren und akzeptieren.' Sie denkt daran, was in der Bucht vor Dümse war, immer und immer intensiver. Sie sieht, wie das ICH kleiner wird und verschwindet. Sie kommt zu sich.

„Puhh, das war knapp, aber ich konnte es bewältigen." Vasaria strahlt.

Es wird dunkel und die drei legen sich in den Sand und reden noch ein wenig. Vasaria hört es auf einmal rascheln und blickt in die Richtung, aus der es zu hören ist. Sie sieht eine größere Silhouette und zwei Augen. Als Vasaria aufstehen will, verschwindet es. Vasaria ist sich nicht sicher, was sie gesehen hat, und legt sich wieder hin. Es dauert auch nicht lange, bis sie alle friedlich einschlafen.

Am frühen Morgen weckt die Sonne Vasaria. Sie ist gleich voller Tatendrang und will nicht länger warten, bis die andern aufwachen. Sie holt sich Grashalme und kitzelt die zwei damit. Kerschwa dreht sich um und will weiterschlafen, Rebes kratzt sich überall und steht auf. „Guten Morgen!", sagt Vasaria gut gelaunt. Kerschwa kann nicht mehr schlafen und steht doch auf. „Kommt, ich will weiter, ich weiß auch schon, wo ich entlang will." Die beiden strecken ihre Glieder und gehen müde hinter Vasaria her. „Dort drüben habe ich gestern jemanden gesehen, vielleicht finden wir wen. Kommt schon!"

Sie gehen ins Dickicht, in dem sie sich den Weg frei kämpfen müssen. Vasaria merkt nicht, dass ihre Aufmerksamkeit geringer wird. Des Öfteren tritt sie auf etwas oder stößt gegen etwas. Die Wut über sich selbst wird immer größer und sie merkt nicht, wie sehr sie sie einnimmt. Plötzlich ist sie abermals beim ICH, so schnell kann Vasaria nicht reagieren und das ICH greift sie an.

Als Vasaria wieder bei Sinnen ist, lässt sie sich auf den Boden fallen und weint, währenddessen versorgt sie die Wunden. Rebes und Kerschwa kommen zu ihr geeilt. Sie versuchen Vasaria zu trösten und aufzumuntern. Doch so einfach ist es dieses Mal nicht. Vasaria sagt ihnen, dass sie versagt hat, dass sie es nie schaffen wird, sie war geblendet von den zwei glücklichen Erfolgen gegen das ICH. Kerschwa und

Rebes hören geduldig zu und bauen Vasaria mit ermunternden Worten auf.

Nachdem Vasaria fertig ist, sich selbst niederzumachen, nimmt Kerschwa sie in den Arm und Rebes zeigt ihr auf, was sie in der kurzen Zeit gelernt hat und welche Freude sie empfunden hat. Sie gibt ihr Mut, sich nicht aufzugeben und an sich zu glauben. Vasaria vertraut und glaubt ihnen und kommt somit auf die Beine. „Danke euch beiden, wie gut, dass ihr mich begleitet und unterstützt. Ich gebe nicht auf, lasst uns weitergehen, ich will wissen, wer oder was das gestern war."

Kaum sind sie einige Schritte gegangen, kommen sie an einem Wasserfall an, in dem ein Nilpferd badet. Vasaria findet es richtig niedlich mit seinem blonden Buschel am Kopf. Als das Nilpferd mitbekommt, dass es beobachtet wird, springt es schnell hinter einen Busch und lugt ein wenig dazwischen durch. Vasaria dämmert es. Das Nilpferd hat sie gestern bestimmt beobachtet.

Vasaria geht langsam auf das Nilpferd zu und spricht es mit sanfter Stimme an: „Hallo, habe keine Angst, wir tun dir nichts. Ich bin Vasaria und das sind meine Begleiterinnen Rebes und Kerschwa. Ich komme von weit her, ich bin viel auf Reisen, vielleicht hast du Lust, uns kennenzulernen und mit uns die Wälder hier zu erforschen!" Das Nilpferd hat zumindest schon den Kopf etwas weiter hervorgestreckt. „Na, wir heißt du?", fragt Vasaria. Schüchtern tritt das Nilpferd hervor und sagt: „Mein Name ist Stena. Ich bin ebenfalls viel auf Wanderschaft. Ich habe euch gestern gesehen. Habe mich nicht getraut zu euch zu gehen. Ich freue mich sehr, wenn ich euch kennenlernen und begleiten darf." Ein kleines Lächeln huscht über Stenas Gesicht, Vasaria erwidert es und reicht ihr die Hand. Langsam setzt Stena einen Fuß vor den anderen. „Komm, lass uns in den Wasserfall gehen", überredet Vasaria

Stena. Stena traut zuerst Vasaria nur wenig, denn sie ist sehr scheu. Als Vasaria jedoch ausgelassen herumtollt, verliert Stena immer mehr ihre Scheu. Sie spritzen sich gegenseitig an und erfinden neue Spiele, die sie sofort umsetzen. Kerschwa und Rebes sind nun stille Beobachter und freuen sich für die zwei.

Es vergehen Stunden, bis sie aus dem Wasser kommen. Vasaria sagt zu dem Forsch und der Nymphe: „Tut mir leid, ich habe euch total vergessen, aber das war mir jetzt wichtig und hat mir viel Spaß bereitet." „Kein Problem, wir freuen uns für euch und dass du ausgelassen sein konntest", erwidert Kerschwa. Vasaria wendet sich Stena zu: „Wenn du möchtest, kannst du uns gerne Gesellschaft leisten, in einer größeren Gruppe ist es nicht langweilig und du wärst nicht mehr alleine. Na, wie sieht es aus?" Stena überlegt nicht lange und willigt ein. „Super! Ich freue mich, dann lasst uns doch weitergehen." Vasaria und Stena gehen voran. Vasaria erzählt einiges, das sie erlebt hat, und Stena erkennt darin einiges von sich, das sie selbst erlebt hat, doch sie traut sich noch nicht, etwas von sich zu erzählen.

Es vergehen Tage, bis sie eine schöne Stelle gefunden haben, an der sie ein Lagerfeuer machen wollen. Vasaria hat in den Tagen Stena sehr in ihr Herz geschlossen. Bei ihr hat sie ein sehr gutes Gefühl. Am Lagerfeuer unterhalten sie sich ausgiebig und kichern bis spät in die Nacht. Beide spüren, dass sie etwas Besonderes verbindet.

Als die ersten Sonnenstrahlen erscheinen, marschieren alle vier los. Stena ist so früh am Morgen noch nicht gerade munter. Vasaria stört das gar nicht und ist im Redefluss. Vor einer großen Höhle bleiben sie stehen und Stena sagt gleich, dass sie da nicht durch kann, ihre Angst sei zu groß. Vasaria schaut sich um, ob es nicht doch einen anderen Weg gibt. Rebes wendet sich an Stena: „Wir müssen hier durch, es gibt keinen Weg drumherum. Stena, du schaffst das, du bist nicht alleine." Stena schüttelt noch immer kräftig den Kopf. Vasaria nimmt die Hand von Stena und meint: „Mir sind Höhlen auch nicht geheuer, aber wir können es gemeinsam schaffen. Glaube an dich und vertraue uns." Stena schaut skeptisch, aber meint dann: „Nun gut, wollen wir es versuchen." Mit zittrigen Knien geht Stena mit den dreien in die Höhle.

In der Höhle ist es dunkel und kalt, sie kommen nur schwer voran. Vasaria spricht Stena Mut zu. Auf einmal ruft Vasaria: „Ich sehe ein Licht dort drüben!" Sie gehen dem Licht entgegen, das ihnen nun den Weg weist. Alle konzentrieren sich auf sich selbst und bekommen nicht mit, wie Stena am ganzen Körper zu zittern anfängt und plötzlich von Blitzlern attackiert wird. Erst als die Blitzler von Stena ablassen, bemerkt Vasaria Stenas Zittern. „Was ist los mit dir? Willst du dich setzen?" Stena nickt. Vasaria schickt Kerschwa und Rebes schon mal voraus, um Blätter zu besorgen. Vasaria kniet sich neben Stena, die nicht mehr fähig ist zu sprechen. Vasaria nimmt Stena fest in den Arm und redet ihr gut zu. In kürzester Zeit bringen die anderen zwei die Blätter. Vasaria legt sie sorgsam und vorsichtig auf das Nilpferd. Dann greift sie nach dem braunen Pulver und streut es über Stena. „Es wird bestimmt bald besser, ich lasse dich nicht alleine, ich bin bei dir", beruhigt Vasaria Stena und schickt zugleich Rebes und Kerschwa wieder nach draußen.

Nach einiger Zeit lässt das Zittern nach und Stena ist in der Lage, mit Vasaria die Höhle zu verlasen. Stena ist sehr erschöpft und sie beschließen hier gleich Rast zu machen. Stena und Vasaria finden ein flauschiges Plätzchen drüben beim Moos und die anderen zwei unter einem Baum. Vasaria legt beruhigend eine Hand auf Stenas Schulter. Stena schaut sie an und sagt nur mit einem Lächeln: „Danke!!!"

Am späten Nachmittag sind sie erholt und entschließen sich quer durch das Moos zu wandern. Das tut allen gut, über das weiche Mos zu gehen, somit herrscht bei allen gute Stimmung.

Nach einer Weile zieht Vasaria Stena an sich ran und flüstert: „Darf ich fragen, was das gestern war?" „Mich haben Blitzler heimgesucht, das sind …" „Du musst das nicht weiter ausführen, ich habe das auch." Sie tauschen sich noch leise etwas darüber aus und Vasaria freut sich, dass Stena ihr ein wenig Vertrauen schenkt und sie nun eine Seelenverwandte gefunden hat. Jetzt weiß Vasaria, wo das Ende dieser Reise sein wird. Sie wandern noch mehrere Tage miteinander und während dieser Zeit verstehen sich Stena und Vasaria immer besser. Sie finden jedes Mal etwas zum Lachen, egal ob die Sonne scheint oder vom Himmel Regentropfen fallen.

Nach der langen Reise kommen sie endlich da an, wo Vasaria hin wollte. Die anderen staunen nicht schlecht, als sie vor Vasarias Herz stehen. Vasaria ruft nach der guten Fee Anabell. Diese lässt nicht lange auf sich warten. „Schön, dass du da bist, Anabell. Ich möchte dir mitteilen, dass sich ein Wunsch für mich erfüllt hat." „Welcher denn?" „Ich habe die Freundschaft neu entdeckt – zu Stena. Wir sind Seelenverwandte und ich möchte, dass unsere Freundschaft ewig dauert. Ich möchte Stena mit in mein Herz nehmen und ihr davon ein Stück geben. „So soll es geschehen." Die Fee Anabell bewirft Vasaria und Stena mit Glitzerstaub und die beiden fühlen sich nun noch mehr vertrauter. Jetzt geht Vasaria mit Stena in ihr Herz. „Du bist die erste Freundin, die mithinein darf. Ich möchte dir zeigen, wie dankbar ich für deine Freundschaft bin. Vasaria nimmt ein kleines Stück von ihrem Herzen, welches am schönsten leuchtet, und gibt dieses Stena. „Vielen lieben Dank, Vasaria. Ich werde es stets bei mir tragen. Ich möchte, dass du genauso etwas von mir bekommst." Sie gibt ihr einen Stein, der wie ein Herz geformt ist. „Es ist echt passend, dass ich ihn dir in deinem Herzen schenken kann." „Der ist wunderschön. Ich werde ihn hier in meinem Herzen platzieren." Vasaria schaut sich um und findet den perfekten Platz. Vasaria sieht nun, dass ihr Herz noch mehr mit schönen Rottönen funkelt, es hat sich auch in ihrem Herzen einiges verändert durch ihre Erlebnisse.

Gemeinsam gehen sie aus dem Herzen und sehen, dass die anderen schon gegangen sind. „Stena, willst du mit mir noch mehr Neues entdecken und erleben?" „Gerne", antwortet Stena mit einem Strahlen.

**Teil X**

**Die Erfüllung**

Vasarias und Stenas erster gemeinsamer Weg führt übers Meer. Sie haben an einem Felsen ein altes, dennoch seefestes Boot gefunden. Mit dem Rudern wechseln sich die beiden ab. Das Meer ist ruhig. Einerseits sind sie froh, dass es keine Wellen gibt, da aber auch kein Wind weht, müssen sie tatkräftig paddeln. Abends ruhen sie sich aus und lassen sich vom Meer tragen.

Nach mehreren Tagen auf dem Meer zerrt es sehr an ihnen, beide sind schweigsamer geworden, um genügend Kraft zu haben, das Boot weiter vorwärtszubringen. An einem Tag sitzt Vasaria verzweifelt am Rand des Bootes und blickt in die Ferne. Es taucht ein Delphin auf und blickt Vasaria an und spricht. „Hey, was ist los mit dir?" Vasaria kann kaum sprechen und sagt dennoch: „Zu viel Wasser!" „Gib nicht auf, auch du wirst finden was du suchst, gib dich nicht auf. Kämpfe weiter. Du hast viele Fähigkeiten, ich habe dich lange beobachtet. Komm, stelle dich auf, baue dich auf. Du bist wer und du kannst alles schaffen, wenn du daran glaubst." Und schon taucht der Delphin ins Wasser. Vasaria bleibt noch eine Weile stehen, blickt in die Ferne und denkt darüber nach, was der Delphin zu ihr gesagt hat.

Nachdem sie selbst zu dem Entschluss kommt, dass es irgendwie immer weitergeht, packt sie ihr Ehrgeiz und sie beginnt kräftig zu paddeln und spornt Stena an. „Stena, schau mal da rüber, eine Insel." Beide können ihr Glück kaum fassen. Sie legen sich ins Zeug und steuern die Insel an. Als sie näher kommen, sehen sie, dass es eine sehr kleine Insel ist, aber es ist ihnen vorerst egal, Hauptsache Land.

Sie befestigen das Boot und betrachten die Landschaft auf dieser Insel. „Komm, lass uns nach Essen und etwas zu trinken suchen", beginnt Stena völlig erschöpft. Beide gehen auf die Bäume zu und schauen, ob diese Früchte tragen. Nichts hängt an den ersten Bäumen, die sie erspähen. Sie gehen weiter und finden letztlich Früchte an Büschen. Bevor sie weiter nach Wasser suchen, stillen sie zuerst einmal ihren Hunger.

Als sie satt sind, machen sie sich auf die Suche nach etwas Flüssigem. Nur einige Schritte entfernt entdecken sie einen kleinen klaren Bach. Sie löschen ihren Durst und erfrischen sich. Zufrieden legen sich Stena und Vasaria auf eine Wiese. Sie besprechen, ob sie noch hier verweilen wollen oder ob sie abwarten, bis sie sich komplett erholt haben. Sie wollen sich entspannen und zu neuen Kräften kommen, bevor sie weiter auf dem Meer reisen.

So lange die Sonne scheint und ein leichter Wind weht, wollen sie nach einer Weile weiterfahren. Das schöne Wetter hält nicht lange an und es zieht ein Unwetter auf.

Darauf waren sie nicht eingestellt, doch sie machen das Beste daraus. Sie geben sich große Mühe, nicht zu kentern. Der Regen verschlechtert die Sicht und der Wind und die Wellen lassen das Boot kräftig schaukeln. Beide scheinen einen Schutzengel zu haben und sie überstehen das Unwetter ohne große Probleme.

Als der Horizont sich etwas lichtet, sehen Vasaria und Stena, wie sich in der Ferne etwas bewegt. Sie sind neugierig und nehmen Kurs darauf. Als sie näher kommen, sehen sie, es sind zwei von Angst gezeichnete Hunde. Schnell versuchen sie in die Nähe der zwei zu kommen, um ihnen zu helfen. Vasaria zieht einen ins Boot und Stena den anderen. Beide atmen schwer. Vasaria gibt den halb ertrunkenen Hunden etwas zum Trinken und Essen.

Der Weiße äußert sich geschwächt als Erstes: „Vielen Dank, ohne eure Hilfe hätten wir es nicht geschafft. Ich bin Lipa und das ist

Maho. Wir sind vor gut einer Stunde mit unserem Schiff gekentert." „Wir sind Stena und Vasaria, wenn ihr wollt, könnt ihr gerne so lange mit uns reisen, wir ihr wollt", meint Stena. ‚Das Boot ist zwar jetzt gut gefüllt, aber dafür haben wir zwei mehr, die beim Paddeln helfen können', denkt sich Vasaria.

Die nächsten Tage vergehen und die vier haben sich gut angefreundet, es läuft alles gut auf dem Boot und sie haben noch genügend Proviant.

Eines Morgens ist Vasaria die Erste, die wach wird und auf einmal aufgeregt lauthals schreit: „JUHU, juhu! Land in Sicht, Land in Sicht, kommt, steh alle auf, wir müssen dorthin rudern." Vasaria ist aufgeregt und hat ein angenehmes Kribbeln im Bauch. „Ich glaube, das ist die Insel, die unsere Suche erfüllt, ich spüre es." Stena sagt darauf: „Vasaria, lass uns sie erst ansehen, bevor du dich schon zu sehr freust." Die anderen zwei nicken zustimmend. Vasaria kann sich nicht beruhigen und kann es kaum erwarten, den ersten Fuß auf die Insel zu setzen. Als sie stranden, ist Vasaria die Erste, die von Bord geht. Maho sagt: „Gleich, Vasaria, gehe nicht alleine los, warte auf uns, wir gehen gemeinsam." Sie binden das Boot an einem Felsen fest und endlich können sie die Insel erforschen.

Vasaria ist vorne dran, mit großen Augen betrachtet sie alles, was es gibt, die Natur, die Tiere und die Bodenbeschaffenheit. Sie meint: „Das ist, was ich gesucht habe, ich bin mir absolut sicher. Ich fühle mich jetzt schon wohl hier. Hier gefällt es mir." „Steiger dich nicht rein. Wir sollten uns erst einmal weiter umsehen, wie es aussieht mit Verpflegung und ob wir uns hier etwas aufbauen können", versucht Lipa Vasaria auf den Boden der Tatsachen zu bringen. Stena sagt auch: „Erst alles genau betrachten und dann können wir uns entscheiden, du weißt ja noch gar nicht, wer hier alles ist." Vasaria tut so, als hätte sie dies nicht gehört, und geht weiter voraus, bis sie auf einmal vor Freude schreit: „Oh schaut mal, das ist es. Seht ihr die liebliche Hütte mit einem kleinen Vorgarten? Lasst uns nachsehen, wer da wohnt." „Lasst uns aber vorsichtig sein", meint Stena.

Vasaria klopft voller Eifer an die Hütte. Es tut sich nichts. Sie versucht es abermals, wieder keine Reaktion. Vasaria geht ans Fenster und wirft einen Blick hinein. „Da wohnt keiner, die Hütte ist verlassen, es hängen überall Spinnweben und es ist nichts eingeräumt. Lasst uns bitte mal hineingehen." Alle drei nicken. Vasaria öffnet die Türe zaghaft und ihre Augen beginnen zu leuchten und ein Lächeln erstrahlt. „Hier will ich mich niederlassen, das erfüllt mein Herz. Stena willst du mit mir hier wohnen? Alleine ist es für mich zu groß und ich würde mich wohler fühlen, wenn du bei mir bleibst." Stena wirft alle Zweifel zur Seite und strahlt: „Sehr gerne, ich dachte, du willst alleine sein." Beide umarmen sich und erfreuen sich, eine schöne Hütte gefunden zu haben.

Vasaria richtet sich an Maho und Lipa: „Wie sieht es bei euch aus? Werdet ihr weiterreisen? Oder wollt ihr auch hier bleiben, ich finde es hier wunderschön und fände es toll, wenn ihr auch hier bleiben würdet." Maho sagt darauf: „Nein, wir wollen auch hier bleiben, die Insel ist echt klasse, mal sehen, wo wir wohnen können. Wir werden die Insel jetzt noch etwas begutachten, wir kommen danach zu euch zurück." Vasaria und Stena sind von der Hütte begeistert und beginnen sofort sauberzumachen.

Maho und Lipa sind nicht lange weg und kommen freudestrahlend zurück. „Wir haben gleich was um die Ecke gefunden, dort sind noch einige kleine Hütten leer. Ebenso haben wir eine Quelle gefunden", sagt Lipa. Alle freuen sich miteinander. Lipa und Maho gehen zu ihren jeweiligen Behausungen und fangen mit dem Aufräumen an.

Am darauffolgenden Tag geht es Vasaria gar nicht gut, sie kann sich kaum aufrecht halten, sie hat Fieber und sehr seltsame Träume. Stena macht sich große Sorgen, denn Vasaria ist kaum ansprechbar. Stena geht in den Busch und sucht heilende Pflanzen. Einiges hat sie zusammenbekommen und bereitet dies zu. Alle paar Stunden flößt sie Vasaria die Medizin ein, um wenigstens das Fieber vorerst zu senken.

Doch selbst nach ein paar Tagen hat sich nichts verändert. Jetzt muss Stena sich etwas Neues einfallen lassen. Sie überlegt hin und her. Bis sie den Entschluss fasst, nach anderen Lebewesen zu suchen. Sie bittet Lipa und Maho, derweil auf Vasaria aufzupassen. Stena macht sich motiviert auf die Suche.

Nach mehreren Kilometern hat sie Glück. Sie trifft auf den Stamm des Bonghauses. Sie bittet diese, ihr zu helfen, da sie selbst nicht mehr weiter weiß. Die Bonghauser sind sehr nett und wollen ihren Heiler und zwei Stammesmitglieder mitschicken. Stena ist erleichtert, nicht mehr allein mit der Sache zu sein. Der Heiler schaut Vasaria an und meint, dass sie zu ihrem Stamm müsse, dort kann sie geheilt werden. Stena nickt und lässt es zu, dass die Bonghauser Vasaria mitnehmen.

Stena schaut jeden Tag nach Vasaria und kann sehen, wie sie von Tag zu Tag gesünder wird. Nach einer Woche darf Vasaria endlich wieder nach Hause. Ihr ist bewusst, wenn es Stena nicht gegeben hätte, würde sei heute nicht mehr leben. Sie ist Stena so dankbar. Dennoch hat Vasaria noch lange mit einigen Symptomen zu kämpfen, aber sie weiß, mit Stena übersteht sie alles.

Nach einiger Zeit, als Stena und Vasaria sich in ihr neues Zuhause eingelebt haben, packt Vasaria wieder die Lust, Neues zu erleben. Da sie noch nicht dazu gekommen ist, die Insel zu erforschen, will sie am nächsten Tag alleine aufbrechen. Mit neuem Tatendrang marschiert sie Richtung Süden. Vasaria geht am liebst in der Natur zwischen den Bäumen oder auf einer Wiese entlang.

Dieses Mal sind es die Bäume, die Vasaria fasziniert und begutachtet, jeden einzelnen. Bis vor ihr ein Naturgeist erscheint, der sie fragt: „Wer bist du? Warum bist du hier? Ich bin Majitta." Vasaria stellt sich vor und sagt ganz kurz, dass sie die Umgebung etwas betrachten will und möchte gleich weitergehen. „Bleib hier, du bist auf der Suche nach der Antwort, wie du die Blitzler und dein ICH unter Kontrolle bringst." Vasaria bleibt sehen und schaut sie mit fragendem Gesicht an. „Woher weißt du das?" „Das spüre ich und ich spüre, dass du Hilfe brauchst, die du dir selbst nicht geben kannst." Vasaria nickt stumm. „Wenn du dich auf mich einlässt und mir vertraust, kann ich dich zu jemandem bringen, sie wird dir helfen. Es ist die Dryade Tiwa und sie ist in diesen Sachen sehr gut." Vasaria überlegt kurz und ist sich noch nicht ganz sicher, ob sie Majitta trauen soll. Sie hat etwas Angst. „Komm schon, du hast nichts zu verlieren,

entweder es wird besser oder es bleibt, wie es ist. Einen Versuch solltest du wagen."
„Mhhh, ich weiß nicht. Okay, ich komme mit." Vasaria kann Majitta gut leiden, nur mit ihrer Direktheit muss sie erst umgehen lernen.

Während sie zu Tiwa gehen, löchert Majitta Vasaria mit Fragen, teilweise auch mit sehr unangenehmen Fragen, die die Blitzler und das ICH anbelangen. Vasaria versucht so offen zu sein, wie sie kann, aber bei einer stockt ihr der Atem und die Blitzler tauchen auf. Majitta versucht sie zu beruhigen. Sie sagt, sie solle hier bleiben mit ihren Gedanken, die Füße fest auf den Boden stellen und tief durchatmen. Vasaria befolgt dies und sie muss sich nicht ihrem ICH stellen. „Wir sind bald da. Und, bist du aufgeregt?", fragt Majitta. „Ja, schon ein wenig, da ich mir nicht sicher bin, ob mir jemand helfen kann. Aber ich will es auf mich zukommen lassen."

Sie gehen noch einige Schritte und sie kommen an einem kräftigen Baum an. „Nun gut, wir sind da, du musst die Dryade Tiwa selber rufen, denn von alleine kommt sie nicht", sagt Majitta. „Wie solle ich sie rufen? Was soll ich tun?" „Gehe zu diesem Baum und umarme ihn, dann wird sie kommen. Ich gehe jetzt, du musst alleine weitergehen. Mach es gut." „Schade, dass du schon gehst, ich wäre gerne mit dir weitergegangen. Ich wünsche dir alles Gute. Vielleicht sieht man sich ja mal wieder", meint Vasaria und sieht Majitta hinterher.

Vasaria steht vor dem Baum und betrachtet ihn, es kommt ihr komisch vor, einen Baum zu umarmen. Dennoch, sie schaut zuerst nach rechts, nach links und nach hinten, dass sie ja keiner sieht. Schließlich umarmt sie den Baum und schließt ihre Augen.

Nach einer Weile öffnet Vasaria zuerst nur ein Auge, kann aber nicht viele sehen und öffnet das zweite und zugleich lässt sie den

Baum los. Sie kann niemanden sehen und zweifelt daran, was Majitta ihr gesagt hat. Doch dann zeigt sich eine Dryade, die hinter dem Baum hervortritt. „Hallo, mein Name ist Tiwa, du musst Vasaria sein, Majitta hat mir von dir erzählt." „Ja, ich bin Vasaria. Ich dachte eben, dass es nicht funktioniert mit dem Baum. Und wie kann Majitta dir von mir erzählt haben, wenn ich die ganze Zeit bei ihr war?" „Wir können uns alleine über unsere Gedanken austauschen." Beide lächeln sich an, sie sind sich auf Anhieb sympathisch. Dennoch braucht Vasaria einige Anläufe, um über sich berichten zu können und von den Problemen, die sie hierher gebracht haben. Was jedoch der Auslöser ist für die Blitzler, kann sie nicht sagen. Aber für das erste Treffen ist sie froh, einen Teil von sich erzählen zu können. Vasaria ist sich sicher, dass sie Tiwa noch öfters sehen wird.

Jetzt macht sich Vasaria auf den Heimweg und freut sich Stena alles berichten zu können. Sie findet es sehr schön, eine tolle, beste Freundin gefunden zu haben, mit der sie alles teilen kann und endlich nicht mehr alleine ist.

Es vergehen mehrere Wochen und Vasaria hat einen geregelten Alltag mit vielen Freuden. Täglich redet sie mit Stena, sie spielen Spiele und kümmern sich um den wunderschönen Garten, der immer die drei gleichen Hasen anlockt. Ab und zu kommen Maho oder Lipa zu Besuch. Vasaria besucht mittlerweile Tiwa regelmäßig, die ihr Mut gibt. Somit lernt sie immer mehr von sich preiszugeben. Vasaria fühlt sich das erste Mal ausdauernd glücklich und zufrieden.

Vasaria kümmert sich um die Tiere und Pflanzen und ist wie die letzten Monate mit Freude dabei, als eine dunkle Wolke über den Boden schleicht und Vasaria in sich aufnimmt. Vasaria ist erschrocken und erstarrt zugleich, sie kann sich nicht wehren, sie schafft es nicht, sich zu bewegen oder nach Hilfe zu rufen. Selbst als die Wolke sie wieder frei lässt, steht sie wie betäubt da.

Erst als Vasaria keine Angst mehr spürt, läuft sie zu Stena in die Wohnung. Sie zittert am ganzen Leib und versucht Stena begreiflich zu machen, dass etwas Schreckliches passiert ist, was öfters schon Angst in ihr ausgelöst hat, aber sie kann nicht in Worte fassen, was es ist. Stena nimmt Vasaria in den Arm, bis sie sich beruhigt. Die Freude ist getrübt und viele Blitzler suchen sie heim, sie kann sie nicht abwenden, doch gegen das ICH kommt sie an.

Sie möchte dem Ganzen nicht ausgeliefert sein und nicht länger schweigen. Sie nimmt ein großes Blatt und Farbe und beginnt das Geschehene ihrer Vergangenheit zu malen. Mit jedem Pinselstrich fühlt sie sich freier. Nachdem sie fertig ist, will sie alles auf ein Blatt schriftlich festhalten und es mit zu Tiwa bringen. Denn zu lange hat sie geschwiegen und gelitten.

Nachdem sie fertig ist, verabschiedet sie sich von Stena und macht sich auf den Weg zu Tiwa. Vasaria ist nervös und ängstlich, etwas Dunkles aus ihrer Vergangenheit und Gegenwart jemandem anzuvertrauen. Aber sie will es nicht mehr länger mit sich herumschleppen.

Sie steht vor dem Baum, sie ist sich nicht ganz sicher, ob sie es schafft, Tiwa so sehr zu vertrauen. Sie setzt sich erst mal vor den Baum und will noch etwas zur Ruhe kommen. Da kommen die drei Hasen Luna, Flocke und Felix aus ihrem Garten vorbei und bleiben vor Vasaria stehen. Flocke kuschelt sich sofort an Vasaria und fragt: „Was ist los mit dir? Du siehst nachdenklich aus?"

Vasaria erzählt ihnen, dass sie eine schwere Aufgabe vor sich hat und nicht so recht weiß, ob sie es machen soll. Flocke streichelt mit seiner samtenen Pfote über Vasarias Arm. „Glaube an dich und wenn du es geschafft hast, kannst du stolz auf dich sein." Luna und Felix nicken zustimmend. „Wir müssen jetzt weiter, aber wir drücken die Pfoten, dass du es hinbekommst. Bis bald im Garten." Hoppelnd und winkend entfernen sie sich. Vasaria packt all ihren Mut zusammen, steht auf und umarmt den Baum.

Tiwa begrüßt sie freundlich und Vasaria ist sehr froh Tiwa zu sehen. Vasaria sagt gleich: „Ich habe dir heute was mitgebracht, es fällt mir nicht leicht, aber ich möchte, dass du auch diese Seite von mir kennen lernst, und ich hoffe, du kannst mir weiterhelfen." Vasaria gibt Tiwa die Blätter. Tiwa schaut sich das Bild ganz genau an und liest jede Zeile von dem Geschriebenen und nickt dabei hin und wieder. Nachdem sie fertig ist, wendet sie sich an Vasaria: „Ich kann sehr gut verstehen, dass du noch nicht darüber reden kannst. Es braucht Zeit, viel Zeit. Du brauchst jetzt Dinge, die dir guttun und eine passende Umgebung. Ich gebe dir eine Aufgabe mit, du kannst es mach oder sein lassen, es liegt in deiner Hand. Schreibe jeden Tag fünf Dinge auf, die dir gutgetan haben und warum. Wenn du meinst, du bist damit fertig und erkennst den Sinn, dann komme wieder zu mir. Gehe behutsam mit dir um und achte auf dich und deine Gefühle." „Ich werde es mache, ich bin froh, dass ich mich dir mitteilen darf und kann. Bis zum nächsten Mal." Mit einem neuen Blickwinkel geht Vasaria besser gelaunt zu Stena nach Hause.

Jeden Tag schreibt Vasaria fünf Dinge auf, auch wenn es teilweise schwerfällt. Am häufigsten schreibt sie von Stena, den Hasen und dem Garten. Doch nach einer Zeit fällt ihr auf, dass sie immer die gleichen Sache aufschreibt, und versucht noch mehr ins Detail zu gehen. Von nun an stehen auf der Liste auch Farben, Wolken, ein besonderes neues Gefühl, eine kleine Geste und vieles mehr.

Eines Abends setzt sich Vasaria hin und liest ihre Liste von vorne durch. Sie freut es, dass sie auch die schönen kleinen Seiten des Lebens sehen kann. Aber Vasaria ist es noch nicht genug, sie will die Aufgabe von alleine erweitern und will sich von nun an jeden Tag selbst etwas Gutes tun. Es hört sich leichter an, als es tatsächlich ist. Sie muss anfangs schwer überlegen, womit sie sich was Gutes tun kann. Doch nach einer Woche fällt es ihr leichter und sie merkt, wie sich ihre Stimmung dadurch erhellt.

Eines Tages überlegt Vasaria, welcher Sinn hinter diesen Übungen stecken könnte. Nach längerem Grübeln kommt sie dahinter. Wie mit Tiwa abgemacht, macht sie sich auf den Weg zu ihr. „Tiwa ich weiß, welchen Sinn das Ganze hat!" „Das ist schön. Und willst du ihn mir mitteilen?" „Klar, denn ohne dich wäre ich niemals so weit gekommen. Ich denke, ich brauche die perfekte Liebe und habe mir auch diese an meinem Herzen gewünscht. Für mich ist dieser Wunsch in

Erfüllung gegangen. Nach der Liebe musste ich bei mir suchen und ich habe die reine Selbstliebe für mich gefunden. Nichts ist wichtiger, als sich selbst zu lieben." Tiwa nimmt Vasaria in den Arm vor Freude.

Zuhause nimmt Vasaria Stena in den Arm und sagt ihr: „Finde die Liebe zu dir selbst und es wird sich vieles ändern."